アリさんとキリギリス

持たない・非計画・従わない時代

細谷功
Hosoya Isao

さくら舎

まえがき

ＡＩ（人工知能）やロボットの飛躍的発展によって、私たちの仕事や生活、そしてその集合体としての社会は、あと三十年もすればこれまでとは一変することになるでしょう。そんなときに改めて考えておきたいのが、人間の知的能力についてです。

本書で描写するのは思考やそのベースとなる価値観の対立構造です。人類の歴史において数えきれないほど描写されてきた「新」と「旧」、「保守」と「革新」、「自由」と「規律」、「新参者」と「エスタブリッシュメント」という対立構造の根底に潜む価値観とその要因を、「アリとキリギリス」にたとえることで探ります。

一九八四年の吉《よし》幾《いく》三《ぞう》さんの大ヒット曲、『俺《お》ら東京さ行ぐだ』が二十一世紀に入ってから若者の間で密かな人気となり、二〇一六年には（当時の「レコード」からのアナログの）復刻版が発売されました。
この曲は青森出身の吉さんが「テレビもラジオもなかった」自分の少年時代の故郷を自虐的に表現した曲で、「常識や価値観」について考えさせてくれるという点で圧巻の作品です。そもそもこの曲に現代の若者が注目したのは、「レーザーディスク」「ディスコ」といった当時であれば「新しすぎて」理解できなかったものが今度は「古すぎて」理解できなくなって、ある意味この曲と同じことが起こっているというのがその理由です。このことは、三十年あまりの間に「常識」が大きく二回変わったことを示しています。

さらにこの曲の秀逸な詞は、吉さんが表現する当時の「田舎者」が憧《あこが》れの東京に出てお金を貯めてやりたいことが、「銀座で山を買う」ことだというのです。これは価値観の違う世界で別の価値観を表現してしまうこと（とそれに気づいていないこと）の滑稽《こっけい》さをものの見事に表現しています。

実はこうした現象は他人事《ひとごと》ではありません。私たちの身の回りでもいかに「銀座で山を買おう」としてしまうことが多いか、そのことへの気づきを促《うなが》すのが本書の目的です。例えば、

●「創造性」の教育のための「効率的で画一的な」方法を考える
●新規事業の意思決定のために「過去のデータと事例を使った」説明を求める

といったことは、当事者は大真面目ということも含めて「銀座で山を買おう」としているのとまったく同じ構図といえます。

誤解を招かないよう補足しておきますが、逆に当時の「東京の人」だって当時の「田舎」で自分がカッコいいと思ってやろうとすることは、ことごとく的外れになっていただろうということです。つまり、本書で言いたいのは、相手の価値観を理解せずに自分の価値観で善悪を判断するのがいかに危ういものかということです。

人が「あるべき論」や善悪を語るときには、知らないうちに自分が育った環境や経験から生まれた価値観を引きずり、それが唯一絶対のものだと思いがちです。したがって、他人が第三者として当事者に「物申す」ことがいかに無責任かつ無知や偏見に基づいたものか、それに気づくのは非常に難しいのです。そこではろくに事実もつかんでいないことに加えて「そもそもの前提となる価値観」すら見当外れになっており、それに気づいてもいない可能性が高いのです。

インターネットやSNSは「大量の第三者」を生み出しました。そこで飛び交う「議論」はほとんどが「第三者同士で当事者の善悪を語り合う」という構図になっています。そんな時代に必要なのか異なる価値観を理解し、その前提で考えることだと思います。その一つの断面として、「アリとキリギリス」の対立構造を考えることで、「あるのは『善悪』ではなく『前提となる価値観の違い』だけである」ことを表現したいと思います。

注意深い読者なら、本書全体が一つのパラドックス（逆説）になっていることに気づくでしょう。つまり、「アリとキリギリスはどちらが正しくてどちらかが間違っているというわけではない」という両者に対する視点そのものがキリギリスの視点になっていることです。

本書は、『具体と抽象』『「無理」の構造』（いずれもdZERO刊）に続く「社会の構造と人間の知」をテーマとしたシリーズの第三弾という位置付けになります。これらに共通する目的は、人間の知的能力や思考回路に焦点を当て、それらが作り出している人間関係や社会の構造を明確にすること、加えてそれらの矛盾をあぶり出し、私たちの考え方や生き方、働き方に参考となる材料を提供することです。

さて本書を読み終えた読者は、身の回りをはじめ世界中の人の頭の中に存在する「銀座の山」をいくつ見つけることができるでしょうか？（世界中に散在する「ポケモンスポット」をはるかに超える数が存在することだけは保証しておきましょう）

アリさんとキリギリス
目次

第3章
閉じた系と開いた系
巣があるアリ、巣がないキリギリス

第4章 二次元と三次元

地に足が着いているアリ、跳ぶキリギリス

第5章 川下と川上
決定論のアリ、確率論のキリギリス

第6章 アリとキリギリスの共存は可能か

アリさんとキリギリス

持たない・非計画・従わない時代

「一流の知性かどうかは、二つの相対立する思想を同時に心に抱きながらもそれらを機能させる能力を維持できるかどうかで決まる」

"The test of a first-rate intelligence is the ability to hold two opposed ideas in mind at the same time and still retain the ability to function."

——F・スコット・フィッツジェラルド

プロローグ

「ああ、よく寝た」

大きな伸びを一つすると、キリギリスは起き上がって間借りしていた大きな木の穴から顔を出しました。「やっと収まったか」

激しい嵐でした。このあたりでは、大抵は一晩もすれば雨はやむのですが、それが今回は珍しく、強い風を伴って一週間も続いていたのでした。

改めて周囲を見渡したキリギリスは目を見張りました。草木は倒れて流れてしまい、景色が一変していました。

目を凝らして遠くを見ると、こちらに近づいてくる姿が見えました。その姿が近づくにしたがって、キリギリスはそれが見覚えのある相手であることに気がつきました。

そう、あれはいつか助けてもらったアリさんです。ようやく顔の表情がわかるところまで来て、キリギリスはただならぬ雰囲気を感じました。アリはいかにも泣き出しそうな表情だったからです。

「アリさん、久しぶり。それにしてもひどい嵐だったね。どうしたんだい？」

懐かしいキリギリスの声を聞いた瞬間に、張り詰めていたアリの緊張が一気に崩れ、その場で泣き崩れました。

「キリギリスさん、僕たちの巣が……」あとはもう言葉になりませんでした。

「この嵐でやられちゃったんだね？」

「そうなんだ……」アリはかすれた声でそう言うのが精一杯でした。

「よしわかった。まずは仲間を呼ぶよ」

「仲間？」

「うん、近くのキリギリスたちに声をかけてみるよ」

「でもどうやって？」

「これさ」

そう言うとキリギリスは長い触角をアンテナのように垂直に立てると、何か通信みたいなものを始めたようでした。

「……これでよしと。じゃあ、まずはアリさんの巣まで一緒に行こう」

「うん、ありがとう」

二十分ほど歩いてようやく見えてきたのは、嵐で破壊された無残なアリの巣の残骸《ざんがい》と、その周りで右往左往している無数のアリたちでした。

あれほど何年もかかって築いた大きな巣が、そして暑い夏の間も一日も欠か

もう死ぬしか…
巣も貯蓄もぜーんぶ流された
わわわ待って!!
ほら空があんなに青いよ
ううっ
大丈夫さ
グス

さずに貯めた食糧のほとんどがどこかに流されてしまっていたのです。

「こりゃ本当にひどいや。よし、仲間が来たらさっそくなんとかしよう」

「でもキリギリスさんの仲間って、一体どこに……」

とアリが言いかけたそのとき、空全体が、一瞬曇ったように薄暗くなり、次の瞬間に彼らの周りに無数のキリギリスが集まってきました。

「やあみんな、ありがとう。ご覧の通りの状況だ。アリさんたちにいつかのお礼をしよう」

「よしわかった!」

集まった無数のキリギリスたちは一気にアリの巣の復旧にとりかかったのでした。


「いやあ、久々に疲れたなあ……」

三日三晩の共同作業が実り、アリの巣はなんとか暮らせる最低限の状態になりました。不眠不休の復旧作業が一段落したキリギリスは深い眠りに落ちました。四日ぶりに眠りから覚めたキリギリスが心地よい筋肉痛を感じながら外を見ると、向こうからまたアリがやってくるのが見えました。今度は一匹ではないようです。

木の穴までやってきたアリが言いました。

「キリギリスさん、本当にありがとう。やっとなんとか暮らせるようにはなったよ。そこでうちの女王アリがお礼をしたいって」

「いや、そんなのいいんだけどなあ……」

見れば、黒い豪華なドレスを身にまとった女王アリがいて、その後ろには数え切れないほどの働きアリが続いていました。

「本当にありがとうございました」女王アリがキリギリスに深々と頭を下げました。「正直言うと、キリギリスさんたちがあんなに働き者だとは思いませんでした」

「ものを運んでひたすら長い距離を歩くようなことは、アリさんみたいにはできませんが、僕らもやるときはやるんですよ。長続きはしませんけどね」

さらに女王アリは続けます。

「それからとても印象的だったのは、あんなに大変な作業なのに、皆さんとても楽しそうだったことです」

「ずっと前のアリさんたちにお世話になった一件、なんだかんだとみんな覚えていて、『いつかはお返ししなきゃ』って思っていた機会がやっと来たからじゃないですかね。僕たち基本的に嫌なことはやりませんから」

「あとは最後の夜に開いてもらった音楽会です。疲れ切った心と体が皆さんの演奏でどれだけ癒されたことか」

「まあ僕たちにはそのぐらいしか芸がありませんからね」

照れながらもキリギリスは、少し誇らしい気持ちになりました。

「そういうわけで、このたびは皆さんに大変お世話になったので、ぜひリーダーの方にご挨拶《あいさつ》をと……」

「リーダー？」

「ええ、あれだけ多くのキリギリスさんたちを率いておられるんですから、立派な方なんでしょうね。本当に感謝しています」

「リーダーとか、そういうのはいないんですけど……」

「ええっ!?　では一体どうやって？」

「いや、ただ『アリさんたちが大変だからすぐに集まれ』って、ネットでメッセージを送っただけです」

それを聞いて横のアリも目を丸くしています。

「確かに僕も見てたよ。でも本当にあれだけであんなに集まったの？」

「うん、あれだけだよ」

「じゃあ本当にリーダーとかいないんだ」

ここで女王アリが再び口を開きます。

「ではせめて手伝っていただいた皆さんにお礼の品だけでも……」

女王アリが振り返った先には、働きアリたちが大きな袋に入ったお礼の品ら

みんな自由なやつらでもうどっかに行っちゃいました
ハワイ行ってくる
買い物行くのー
僕もそろそろ…
ガーン
自由すぎる！
お礼言いたかったのにっ
ズラー

しきものを持っていました。

キリギリスは少し困ったような表情を見せました。なぜそんな表情をするのか不審に思った女王アリが尋ねます。

「皆さん、いまどちらにいらっしゃるんですか？　おうちはどちら方面が多いんでしょうか？」

「困ったなあ……僕たちは皆決まった家はないんですよ、それにもうみんなどこかにバラバラになって飛んでいっちゃったから、お礼の品と言われても……。照れくさいだろうし、それに……」

「それに？」

「そんなに重いおみやげを持ち歩いてたら、自由に好きなところへ行けなくなっちゃうでしょ？　みんなとにかく身軽でいたがるんですよね」

「でも……」

「お気持ちだけでも十分です。では僕もそろそろ失礼して……」

そう言うとキリギリスは、目を丸くしているアリたちを後に残して、羽ばたいていきました。

先週の嵐がうそのような、まぶしい青空がとても印象的な朝でした。

第 I 章

キリギリスの復権

キリギリスが活躍できる時代

ご存知イソップの寓話《ぐうわ》『アリとキリギリス』では、働き者のアリと怠け者のキリギリスの対比が描かれ、アリの美徳が賞賛されるとともに、怠け者のキリギリスはすっかり悪者扱いとなってしまいました。イソップ物語が書かれたのが紀元前六世紀といわれていますから、もう二千五百年以上にわたってキリギリスはその「汚名」を世界中で被りつづけてきたことになります（この話には世界でいくつものタイトル、ストーリー、解釈がありますが、本書では一般的に流布《るふ》している解釈をもとに話を進めます）。

ところがいま、紀元二十一世紀の現代になって、そのキリギリスが汚名を返上すべく世の中が変化してきています。本書の目的は、「ついにやってきた」キリギリスが活躍できる時代において、キリギリスたちの価値観を見直し、現代における彼らの市民権を取り戻し、来るべき時代の生き方や価値観について考え直してみることです。ただしそれは、アリの価値観を否定するものではありません。アリにもキリギリスにも活躍できる場があり、両者の特質を理解すれば、共存共栄が図れるのです。

なぜ今、キリギリスの復権が可能になってきたのでしょうか。イソップの時代から二十世紀まで続いてきた価値観を揺るがすような、どんな変化が世界で、なかでも日本で起こっているのでしょうか。

①「貯める」から「使う」へ

イソップの『アリとキリギリス』で前提となっていた人間の美徳は「働くこと」と「貯めること」でした。前者の「働くこと」のほうは後ほど論じるとして、まずは「貯めること」の意義の変化を考えてみましょう。

世界のマクロ経済を見ると、いまや世界のマネーは行き場を失っている、つまり使い道がなくなっている状況です。その縮図となっているのが日本です。一千兆円超の個人金融資産がありながら、それがうまく使われないために循環せず、景気が回復しないという状態になっています。またビジネスにおいても、蓄積されたキャッシュの使いどころに苦労している企業が多くあります。

いま必要なのは、「使うこと」によって経済活動を活発にしていくことです。つまり、二十世紀における日本人の代表的な「美徳」であった「お金を貯めること」は飽和して、もはや経済のボトルネックが「使うこと」に移っているのです。

このことは、先進国において、金融緩和が行われているにもかかわらず経済が回復しないことにも現れています。

②シェアエコノミーの拡大

このような消費の形態の変化は「シェアエコノミー」の拡大にも現れています。車や家など、かつては大型消費の代表格だったものもいまや「シェアする」ことが特に若い世代においては「常識」になりつつあります。そのような社会変化の象徴とも言えるサービスが車におけるUber（ウーバー。スマートフォンなどで利用できる配車サービス）と家におけるAirbnb（エアビーアンドビー。自宅などを宿として提供する人のためのウェブサイト）です。

これらのサービスはもはや従来の消費のあり方を根本的に変化させるほどの影響力を持ちつつあります。「なんでも自分で所有する」というスタイルが「他者と共有して使う」スタイルへと変容しているのです。

③クラウドコンピューティングの発展

ＩＣＴ（情報通信技術）の世界でも急激な構造変化が起こっています。それがクラウドコンピューティングです。各企業はこぞって自前で持っていたサーバーをクラウドに移行しつつあります。併せて個人で使われているスマホのアプリケーションなどもほとんどがクラウドの仕組みを利用したものとなることで安価なサービスを「利用する」ことが可能になっています。ここでのキーワードも「所有から利用へ」です。つまりＩＣＴの世界でも、「持つこと」より「使うこと」にスポットライトが当たりつつあるのです。このことは、仕事のスタイルにも変化を与えています。クラウド化によってＰＣや資料を持ち歩く必要もなくなり、アプリケーションもすべてクラウド側にあるという状況が実現され、もはや働く場所の制約もなくなりつつあります。つまり、職場＝オフィスという常識も崩れつつあります。

④変化の加速

技術がもたらした変化はこれにとどまりません。さまざまな科学技術の発展によって、社会の変化のスピードが以前より圧倒的に速くなりました。製品のライフサイクルも短くなり、とくに携帯電話を代表とする電気製品などはあっという間に陳腐化してしまいます。変化が早くなって陳腐化が進んでいくことは、「持っていること」のリスクを上げていきます。（プロローグでアリの巣が一夜で崩壊したように）変化によって、それまで持っていたものがあっという間に陳腐化して価値がなくなってしまう可能性がさまざまな場面で見られることになるでしょう。

⑤知識から思考へ

変化の激しさは、求められる人間の知的能力にも影響を与えます。変化が激しくなるということは、一度習得した知識があっという間に陳腐化してしまうことを意味しています。別の見方をすると、先のクラウドコンピューティングとインターネットの発展によって、最新の知識や情報は「所有」から「利用」へと変化しました。人間が「記憶（所有）」しなくても、使いたいときにネット上の情報を「利用」すればよいということになります。

したがって必要な知的能力は「頭の中に知識を詰め込む」ことではなく、膨大な最新情報を使っていかに新しいものを創造するかという思考力に移ってきています。知識に関してもお金と同様に「貯める」から「使う」へと、重要度のシフトが起こっているのです。

⑥AIやロボットの発展

人間に必要な知的能力の変化に劇的な変化をもたらしているもう一つの要素がAI（人工知能）やロボットの発展です。すでにネット上には読みきれないほどの情報があふれていましたが、それをさらに効率的に収集し、リアルタイムで活用する仕組みがAIなどの技術の活用で可能になりつつあります。そう

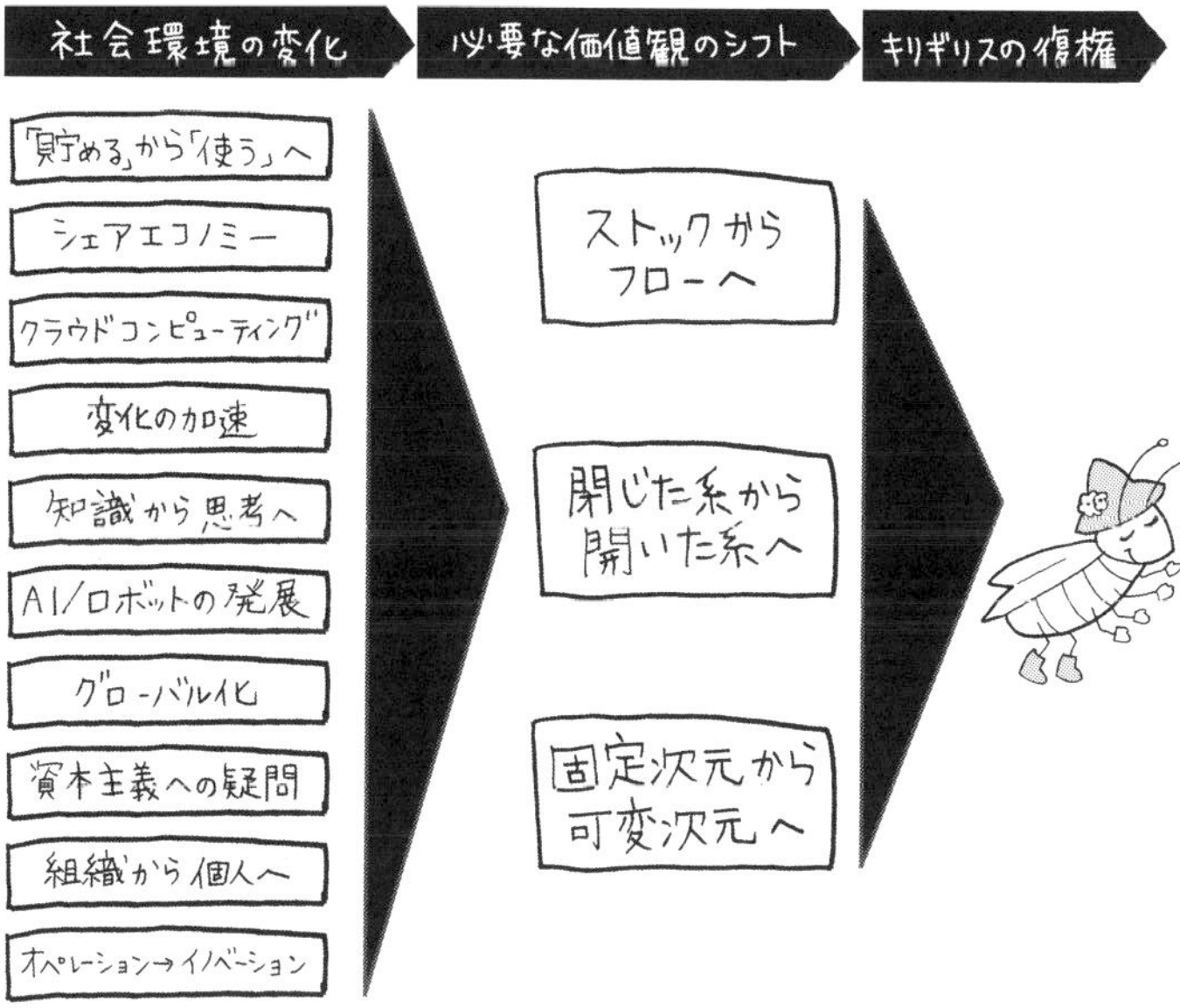

なると、「単に知っている」ことは人間の領域ではなくなり、そこからいかに創造性を発揮できるかが人間の存在意義になっていきます。

これにロボットが加わると、人間の仕事や働き方そのものにも大きな変化が現れていきます。単純作業や定型作業からＡＩ＋ロボットに置き換えられていきますから、ますます人間の仕事は創造的なものにシフトしていくことになるでしょう。

⑦組織から個人へ

働き方の変化は、組織のあり方にも変化を及ぼしていきます。製造業を代表とする、オペレーションを標準化し、製品を大量生産するような業態においては、規模の大きさは圧倒的な優位を意味します。しかし、創造力が強みの源泉となっていけば、労働単位としての組織の規模の重要性が減少します。インフラ事業など、依然として規模が圧倒的に重要な事業が残る一方で、知的かつ創造的な仕事に関しては、組織よりも個人の重要性がますます高まっていくことになるでしょう。

⑧グローバル化と多様性

創造性は多様性と表裏一体のものです。英語や論理思考などの「共通言語」が重要になる一方で、グローバル化で必要になってくるのは多様性の認識です。さまざまな文化や価値観が交錯する中で必要なのは、「自分の価値観を相手に押しつける」のではなく、ましてや「欧米の文化に追従する」のでもなく、まずは自他の違いを認識し、そこから新たな方向性を考えていくことになるでしょう。

⑨資本主義への疑問

世界各国における貧富の差の拡大や若年世代の価値観の変化を背景として、資本主義に対する疑問の声が高まっています。併せて、若年層を中心に「金銭欲」や「物欲」よりも「精神的な充足感」を欲している人の割合が増加していることが、各種統計からも読み取れます。また、そこでは「大きいこと」や「成長すること」が善であるという、従来の当たり前ともいえる価値観にも疑問が呈され始めています。金銭欲や物欲のために「お金を貯める」ことの価値が下がり、精神的な充足感を得るために「お金を何に使うか」が重要になってきています。

こうした変化が、第2章、第3章、第4章で述べるキリギリスの「三つの特徴」に関連していきます。これを示したのが29ページの図です。

イソップ版と本書との違い

時代の変化を反映させ、アリとキリギリスのそれぞれの強みと弱み、そして両者の関係性を再定義するのが本書の目的ですが、イソップ版と比較してどのような違いがあるかをここで明確にしておきます。

まず本書はイソップ版とは基本的な視点が異なります（ここでいう「イソップ版」の解釈については前述の通りです）。

イソップ版はアリとキリギリスを「どちらが善か悪か」で捉《とら》えていますが、本書では「違いを明確にする」ことを主眼にしています。その違いは「次元の違い」であり、二者を同列に「横の関係」では比べることはせず、「縦の関係」（次元の違い）で捉えています。そのうえで、どのようにすればお互いにうまくやっていけるかを探ります。

メッセージについても、イソップ版では（日本の外では諸説あるらしいですが）基本的には「勤労と貯蓄の重要性」であるのに対して、本書では「知性のあり方」です。

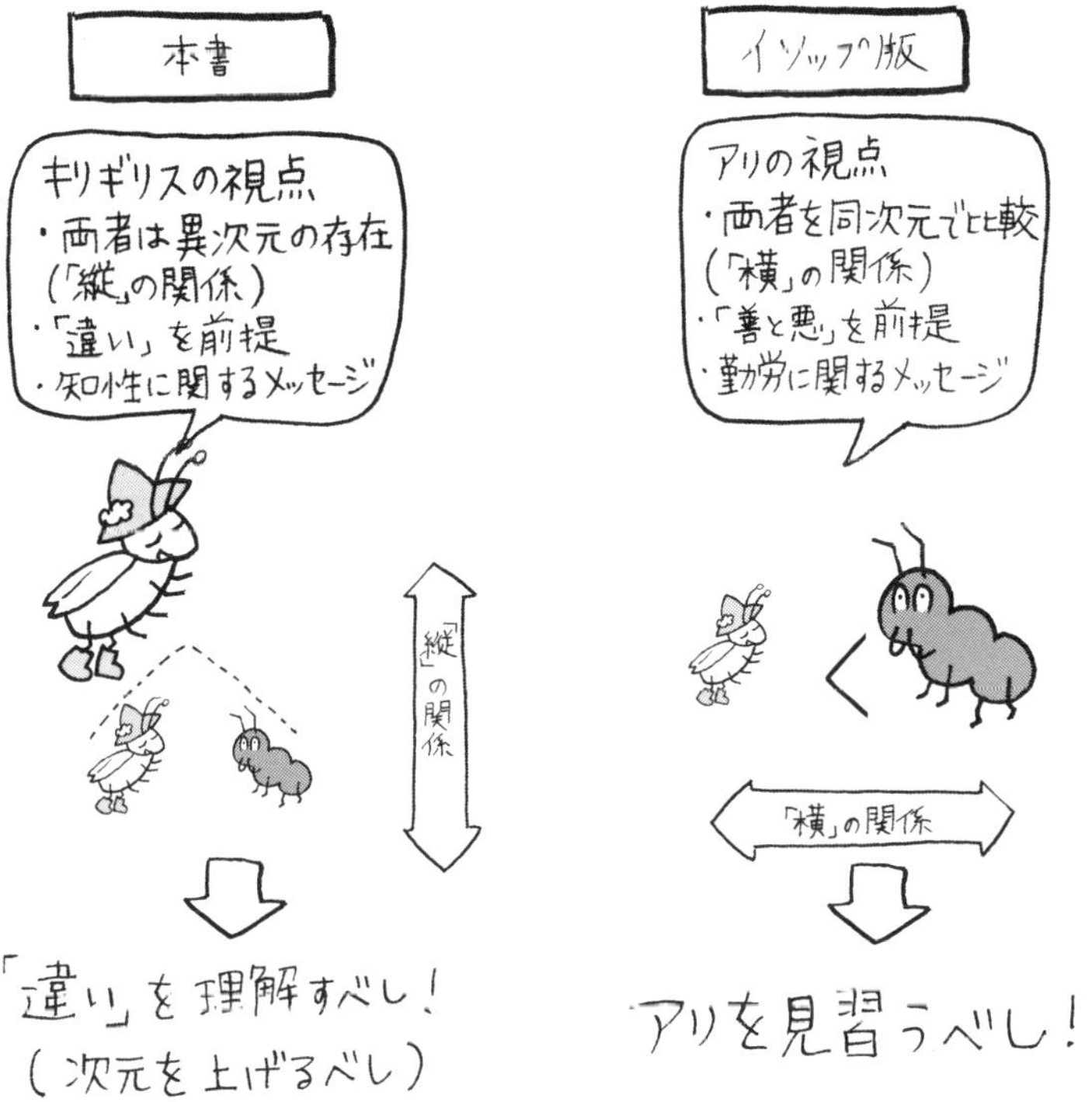
本書
キリギリスの視点
・両者は異次元の存在（「縦」の関係）
・「違い」を前提
・知性に関するメッセージ
「縦」の関係
「違い」を理解すべし！
（次元を上げるべし）
イソップ版
アリの視点
・両者を同次元で比較（「横」の関係）
・「善と悪」を前提
・勤労に関するメッセージ
「横」の関係
アリを見習うべし！

詳細は後述しますが、そもそも物事を「善か悪か」とか「正しいか間違いか」と論じることなど、よほどのことがない限りできないのではないかと思います。「長所は短所になり、短所は長所になる」が本書の基本的な考え方、スタンスです。言い換えれば、この世の事象は、「前提条件や状況によって、正しくもなるし間違いにもなる」ということです。

世にある「正しいか間違いか」の議論、特に他者に対してのものは、ほんの限られた「自分の知識と経験」を暗黙の前提として行われていることが多いように見えます。安易に「これが正しい」「それは間違いだ」と断定している段階で、「無知の無知」を露呈していることになるのです。視野の狭さを自覚していないという点で、ソクラテスの「無知の知」（自分の無知を知ることが、知ることのスタートである）を実践できていない状態です。

ですから本書のメッセージはどちらが良いとか悪いとかではなく、思考回路の違いとそれがなぜそうなるのかを、置かれた環境や前提条件と併せて考えて適用することが重要であることとしています。

それでは、そのメッセージにしたがって「両者の違い」を明確にしていくことにしましょう。

アリとキリギリスの三つの違い

まず、本書でいうアリとキリギリスの定義について説明します。当然のことながら、「アリ」や「キリギリス」は擬人化された「キャラクター」を表していますが、人間をその価値観や嗜好《しこう》によって二項対立で示しています。アリとキリギリスの思考回路の違いを簡単に表現すると、次ページの図のようになります。白丸が大事にしていること（優先順位の高いこと）で、黒丸が忌み嫌っていることです。

なぜこのようにアリとキリギリスの思考回路が正反対になってくるのかについては、本書を最後までお読みいただければわかるはずです。

あえて『アリとキリギリス』を題材として選んだのには理由があります。それは、この二匹の虫たちが人間の対照的な違いの側面を象徴的に代表しているからです。

それは主に、以下の三つの違いによります。

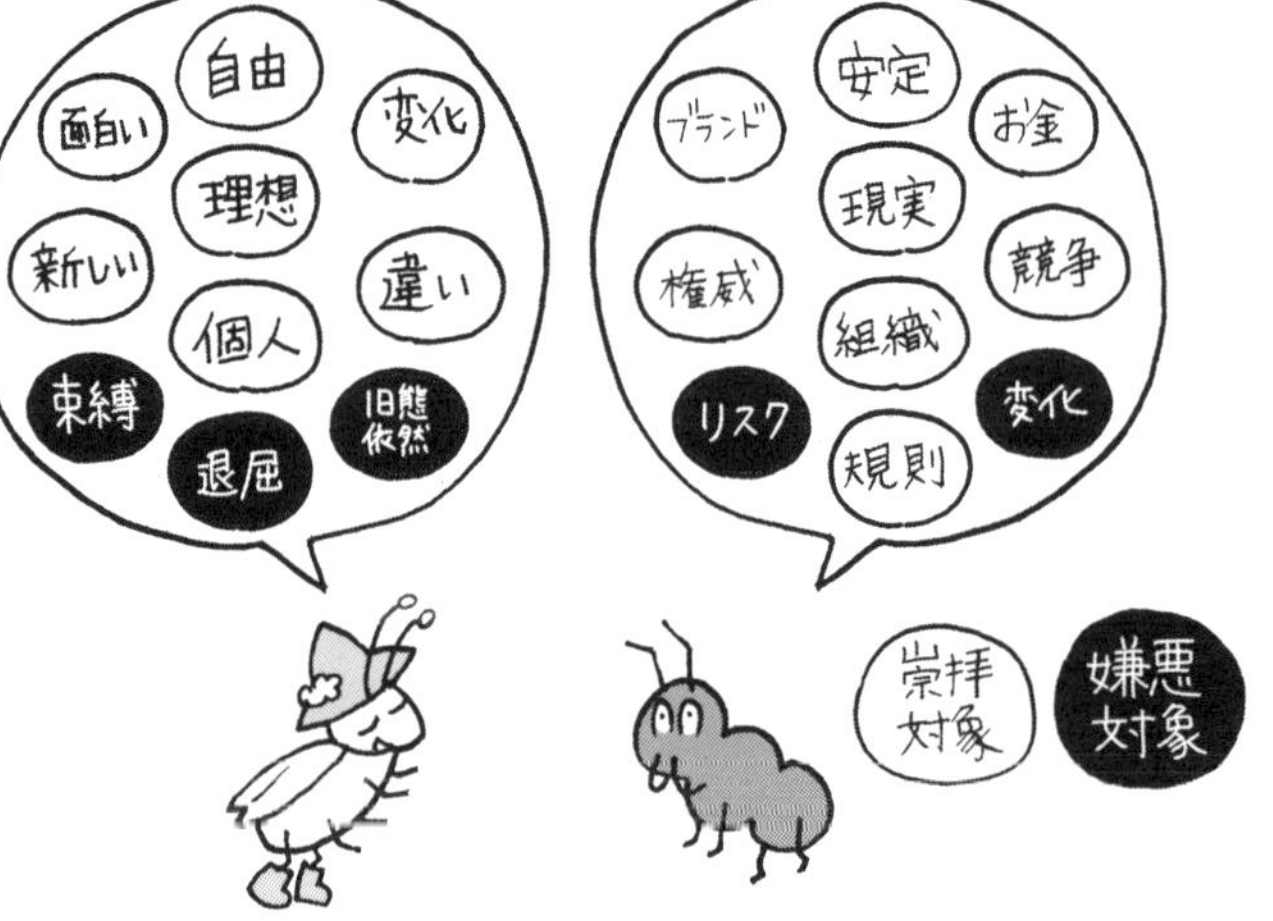

①「貯める」アリと「使う」キリギリス

イソップ版で最も強調されていた二者の違いは「働くか遊ぶかの違い」でしたが、裏を返して「お金」という視点で見ると、「貯めるか使うかの違い」と捉えることができます。

夏の間に来るべき冬の時代に備えてせっせと「貯め込んでいた」アリに対して、「あるだけ使ってしまう」という江戸っ子気質《かたぎ》のキリギリス。これが本書で着目する性格の違いの第一点です。

このような違いは対象がお金に限らずさまざまなものへの考え方の違いとなって現れます。例えば、知的対象物としての「知識」に対しても同様です。

アリは知識についても「貯め込む」ことの優先順位が高いために、「知識量を増やす」ことに主眼をおきます。「勉強」とは知識を貯めることであり、知識量が多い人は少ない人よりも優れている、というのがアリの基本的な価値観です。

また、「蓄積されたもの」というストックへの志向が強く、お金や知識に限らず、年齢や経験、地位や名声、あるいは所属する組織など、すべて「持っているもの」を増やし、それを守ることを第一に考えるのがアリの発想です。

対するキリギリスは、お金は使ってこそ意味があるというのが基本的な考えです。これは蓄えよりもそれを使うことで得られる、形に残らない経験重視であることを意味します。「ストック志向」のアリに対して、キリギリスは「フロー志向」なのです。知的能力においても同様の傾向が見られます。知識量が問題なのではなく、そこから自らの力で考えて自分なりの新しいものをいかに創造するかがキリギリスの最大の関心事です。知識よりも「考えること」重視ということです。

また、「蓄積されたもの重視」という視点からアリは「過去の経緯」を重視します。「歴史からの一貫性」を常に意識し、前例を踏襲することを前提とするために保守的で新しいものには基本的に拒否反応を示します。対するキリギリスは、常に過去よりもこれからどうするか？　を意識しています。そのためには過去の経緯は気にせずにその場で良いと思った新しいことはすぐに取り入れ、朝令暮改もまったくいといません。

このように「ストック重視かフロー重視か」はアリとキリギリスの考え方や行動に大きな違いをもたらしているのです。

②「巣がある」アリと「巣がない」キリギリス

二番目の違いは、「巣があるかないか」の違いです。これも二者の考え方に決定的な違いをもたらします。

一つ目は「内と外」という意識の有無です。アリは常に「巣の中」のことを優先して考え、自分の身内とその外という線引きを明確に行います。対するキリギリスにはそのように物事を二つに分けて明確にそこで線引きをするという発想がありません。

さらには集団志向か個人志向かという違いもあります。アリは常にいかに集団の中でうまく生きていくかを最優先させて考えます。したがって、何よりもコミュニケーションを重視し、周囲の顔色をうかがって「横並び」を意識しながら「空気を読み」、そして組織内の秩序を守るために序列やルールを重視します。そのために「常識をわきまえる」ことがすべてのアリに求められます。これに対して個人重視のキリギリスは、自分らしさを出すことを優先させて、他者と違うことは気にせず、序列やルール、あるいは常識といったことも重視しません。

「線引き」を重視し、「巣の論理」を重視するアリの思考回路が、物事を「正しいか間違いか」で判断するという価値観に導きます。本書で問題提起をしたい重要なポイントがここです。

キリギリスは、「内か外か」という発想がないために、物事を上から俯瞰《ふかん》しますが、「どちらが正しい」という判断を第三者として安易には下しません。それは置かれた状況によって当事者が判断すべきことであるというスタンスだからです。

これが、巣という「閉じた系」を中心にして考えるアリの発想と、すべてを「開いた系」として考えるキリギリスの発想の違いです。

③「二次元」のアリと「三次元」のキリギリス

アリの移動手段は「歩くこと」のみです（一部の羽アリなどは除く）。これに加えてキリギリスは「跳ぶ（飛ぶ）こと」ができます。つまり平面という二次元空間に生きているアリと立体という三次元空間で生きているキリギリスとの違いです。

ここでいう「次元」とは、行動の自由度を表現しています。つまりキリギリスのほうが自由度が大きく、アリは制約が大きいということです。この「制約と自由」の考え方の相違がアリとキリギリスの考え方や行動パターンに大きな影響をもたらすことになります。

アリは常に制約の中で最善を尽くそうとします。別の言い方をすると、「環

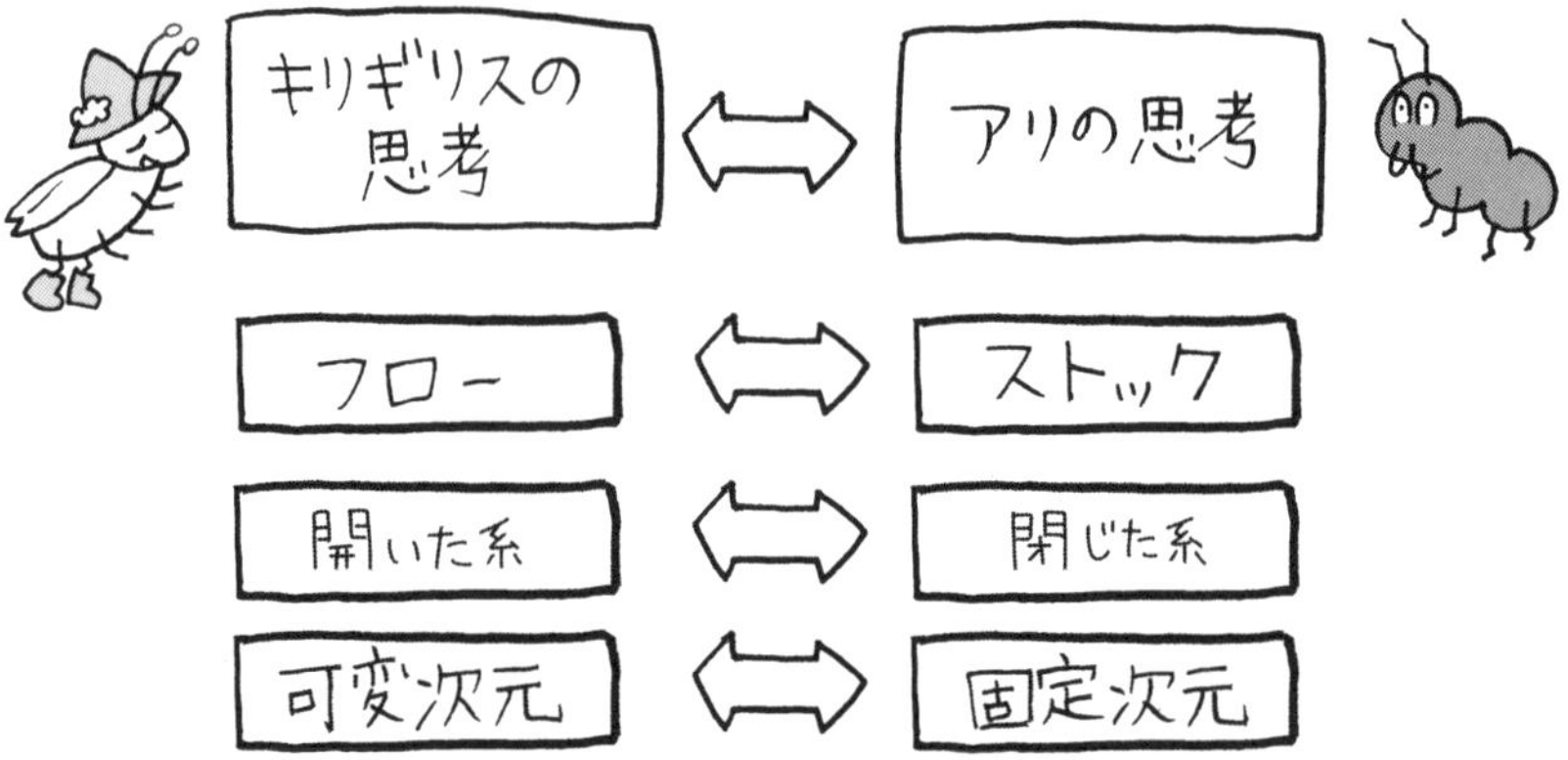

境は与えられるものである」というのがアリの人生の大前提にあります。日々の生活におけるさまざまな選択肢もすべてはどこからか与えられるもの、だからあくまでもその中でベストを尽くす代わりにうまくいかなかったらそれは自分のせいではなく、その環境を与えた側の責任であるというのが基本的なスタンスです。

対するキリギリスは、「環境も自分で作り出し、変えられるものである」というのが大前提です。したがって何か不満があればそれを「自分に何ができるか？」というエネルギーに変えて自分で環境そのものを変えたり作り出そうとします。だから、うまくいくもいかないも、すべて自分の責任であると考えています。

アリは与えられた問題を最適な形で解決するのが得意であるのに対して、キリギリスは「そもそも問題は何なのか？」という問題そのものの発見が得意です。つまり「問題解決型」のアリに対して、「問題発見型」のキリギリスという関係です。重要なことは、問題解決が得意なアリと問題発見が得意なキリギリスでは、思考回路が百八十度異なっているということです。問題を解くにはある程度「変数」（思考の自由度）を固定する必要がありますが、「そもそもの問題」を発見することは新しい変数そのものを新たに見いだす必要があり、そこでの基本的な価値観は、第二章以下で示すように、相対するものになります。

制約を基に考える「固定次元」のアリと、自由を最優先で考える「可変次元」のキリギリスの違いが、問題に対する取り組みを大きく変え、言い換えれば、お互いに補完関係であり、結果としてどちらも必要な存在にしているのです。

では、次章から、この三つの思考回路の違いが実際、どのような違いとして現れるのか、具体的に示していきましょう。

第 2 章

ストックとフロー

貯めるアリ、使うキリギリス

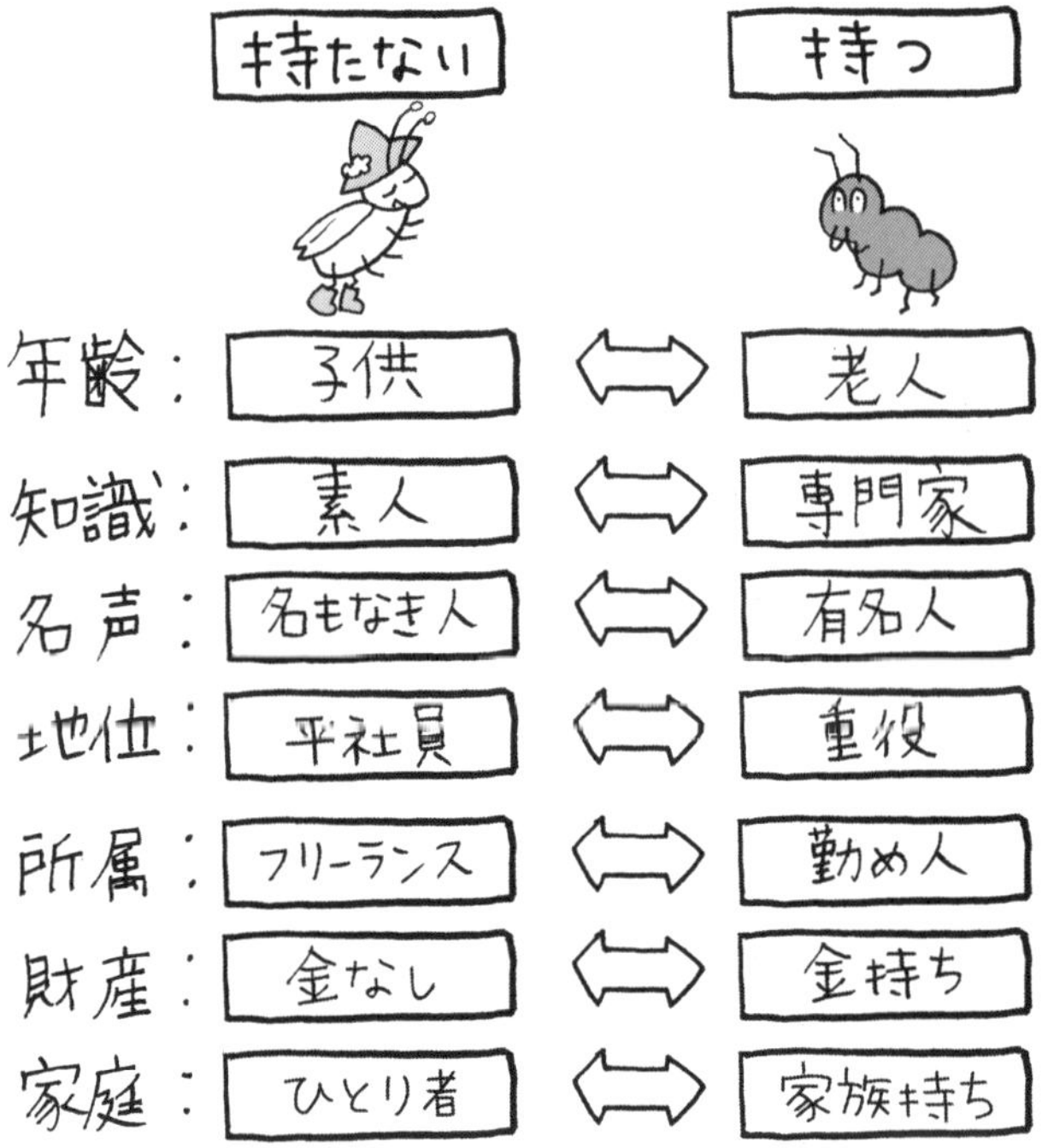

どんな人がストック思考のアリになりやすく、どんな人がフロー思考のキリギリスになりやすいのか。全体的なイメージをつかむために、まとめてみました（上図）。

もちろん、すべての人がどちらかいずれかにぴったりとあてはまるわけではありません。また、同じ人でも、仕事ではキリギリスで私生活ではアリであったり、専門領域ではアリだが、趣味の世界ではキリギリスであったり、というような「混在」は当たり前に起こります。本書における「アリとキリギリス」の議論は、すべてそういう位置付けのものであるという前提でお読みください。

アリは何かを「持つ人」であるのに対してキリギリスは「持たない人」という関係です。人間は大抵の場合、「持たない状態」から「持っている状態」へとほぼ一方通行で移り変わっていく場合が多く、逆向きの動きは本来望まれないか、あるいは不自然な動きになるので、「キリギリス」から「アリ」への動きはほぼ不可逆的なものになります。

これらからもわかるように、一人の人間の中でも場面によってアリとキリギリスの両方の人格が混在していると考えられます。

では次ページより、アリとキリギリスの思考回路の違いを一つ一つ具体的な場面で見ていきましょう。各項の冒頭には、両者の思考回路の違いをわかりやすく表現するため、日常的にありがちな「会話」を示しました。

お金が入ったら使うアリ、使ったら入ってくるキリギリス

アリ「今度の新入社員、すでに貯金が二百万もあるんだって」
キリ「学生時代、いったい何やってたんだろうね」
アリ「四年間毎日コツコツとコンビニでバイトして貯めたんだって。本当にすごいね」
キリ「えっ、すごいってそっち？　時間のある学生時代なら、そのお金でいろんなことできたと思うけどなあ……」

イソップ版ではアリは蓄財する者の象徴でした。とにかくアリにはお金を貯めることが大事です。「貯めることが美徳である」というのは、いわばアリ憲法の第一条です。すべての価値

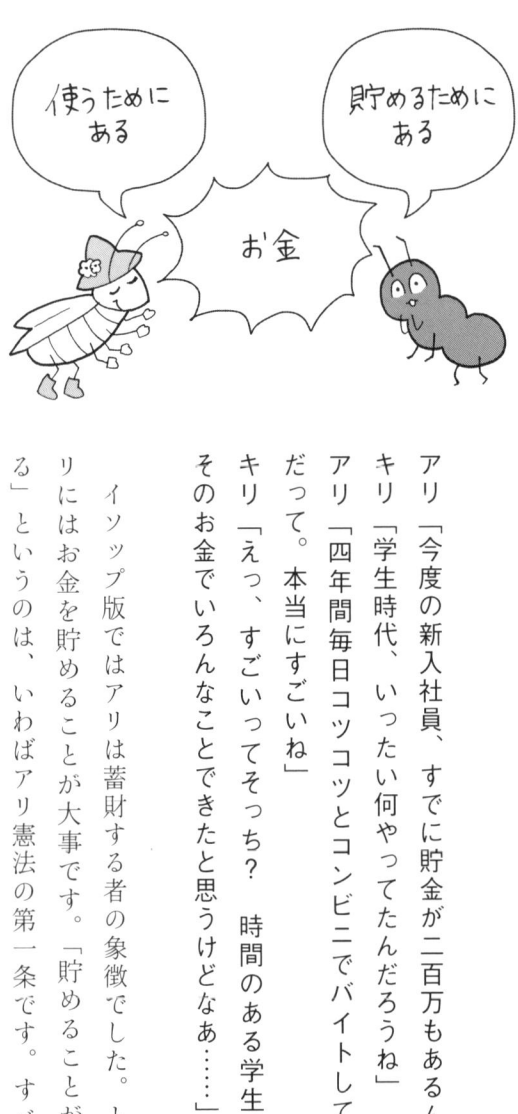

観の源泉がここにあるといってもいいでしょう。対するキリギリスは「使ってなんぼ」という発想です。貯めることに興味がなく、「宵越《よいご》しの金は持たない」という江戸っ子気質《かたぎ》です。

もちろんアリだって、「いつかは使おう」という気はあります。ここにお金に対する両者のもう一つの違いがあります。それは「使う」ことの順番です。「お金が入ってくる」という事象と「お金を使う」という事象の順番が、アリは貯める（＝お金が入ってくる）ことが先で、その後に初めて「お金を使う」ことが選択肢に入ってくるのに対して、キリギリスの発想は「お金を使う」ことによって「お金が入ってくる」という発想なのです。

その感覚の違いの背景にある、もう一つの発想の相違が後述する決定論と確率論の違いです。つまり、アリは出費をする場合には効果が確実に紐付《ひもつ》いているものしかありえないのに対して、キリギリスはいくつか投資した中の（事前にはどれかわからない）一つからお金を回収するという発想です。アリに言わせれば「単なるギャンブル」でしょう。

「貯めてから使う」のか「使ったから貯まる」のか、投資に関する意思決定の思考回路がアリとキリギリスで平行線に終わる原因がここにあります。

前述の通り、アリには「因果関係が明確であること」が重要です。したがって冒頭の会話にあるように、効果が確実に見えるものにしかお金を使いたがりません。一方のキリギリスは、数を打った中でどれかが当たるという認識です。つまりアリにとって出費は（収入と明確に因果関係が紐付いた短期的な）「経費」のことを指し、キリギリスにとっては主に（必ずしも回収できるかわからない長期的な）「投資」のことを指すのです。

競馬で大勝ちをした人の税務申告で「それまでの負け」を経費として認めるかどうかという議論がありました。「明快な因果関係」を必須とするアリの視点から見れば「とんでもない」ということになるでしょうが、「どれが勝ちにつながるかわからなくて当然」と考えるキリギリスからすれば、算入されないのはありえない」ということになるでしょう。

知識のアリ、思考のキリギリス

アリ「まったく漢字もろくに知らない人が大臣やってるってありえないよね」
キリ「そうかなあ。確かに知っているに越したことはないんだろうけど、それって大臣の資質と直接関係あるのかな？」
アリ「当たり前じゃない。常識がない人は困るよ」

お金に関する「ストックとフロー」という志向の違いは、知的資産に関しても当てはまります。ストック＝知識・経験、フロー＝思考と考えればイメージをつかみやすいでしょう。

日本では長きにわたって勉強といえば知識を覚えることであ

り、教育制度や受験制度もそれをもとにしたものが主流になっていました。

しかし、知識がたくさんあることだけが優秀かどうかの判断基準であるなら、ＡＩは人間のはるか上のレベルにまで行っています。人間同士で知っているとか知らないとか争っているのは、あらゆる情報を瞬時で検索できるＡＩから見れば、もはや「五十歩百歩」の違いどころか、「五十歩と五十・一歩の違い」程度ですらないのです。

思考力重視のキリギリスは、お金と同様、「宵越しの知識は持たない」という江戸っ子気質です。昔の知識にはこだわらず、その場で必要な知識や情報を「調達」して新しい発想を生み出したあとはすぐに捨ててしまいます。

非常にありがちなのが、これまでの知識教育に思考力の教育を加えればいいだろうという発想です。これがまさに「まえがき」で触れた「銀座で山を買う」の典型的な例です。このような「大いなる誤解」に一石を投じることも本書の目的の一つとしています。

本書を通じて主張している「アリとキリギリスの価値観は百八十度違うものである」が意味するところは、思考力という「キリギリスの武器」を身につけるためには、一度知識というストック重視の「アリの価値観」を破壊して更地にしなければならないということです。アリの価値観という基礎の上にキリギリスの価値観の家を造ることは不可能なのです。

過去を見るアリ、未来を見るキリギリス

アリ「今度の新任リーダーって、過去の経緯とか知らずにどんどん新しいことを始めて困るんだよね」
キリ「別にいいじゃない。いいことなら過去の経緯なんか関係なくどんどんやっちゃえば」
アリ「そうはいかないよ。まずは今の仕組みがどういう経緯で出来上がっているかを全部理解してもらうのが先だと思うよ」
キリ「大事なのはこれから何ができるか、なんじゃないの？」

積み上げたものを意識するアリが「過去」を見ているのに対して、まっさらな何もないものから発想するキリギリスは、過

去は意識せずに未来を見て「今何をすべきか?」を考えています。

意思決定をするときにも、この思考回路の違いは決定的な対立を生み出します。アリが重視するのは「過去の経緯」であり、過去のデータや実績です。キリギリスは「これまでにない」ことにしか興味がないので、積み上げられた過去のことには興味がありません。さらに第4章で後述するように、アリは「自分がコントロールできないこと」について嘆く一方で、キリギリスは「自分がコントロールできること」に目を向けます。これが結果として過去志向と未来志向を分けることにもなります。過去は確定しているので変えられませんが、未来は今後の行動によって変えることが可能です。

例えば公共事業などで何年にもわたって工事が遅延したり、ITのプロジェクトでいつまでたっても成果が出なかったりすると、「打ち切ったほうがいいのでは?」という議論が出ることがあります。このような場合に、アリは「せっかくここまでやったのだから」と、なかなか撤退の意思決定ができません。過去に積み上げたコスト(お金や労力)は「サンクコスト」と呼ばれ、純粋に論理的に考えるのであれば、その事業やプロジェクトを継続するかどうかとはまったく関係ないことですが、過去から発想するアリにはこの概念自体が理解できません。「ここまでどうだったかは一切忘れて、今後得になるかどうかで判断しよう」というキリギリスの思考回路とは相容《あいい》れないのです。

卒業するアリ、中退するキリギリス

アリ「僕らの高校の同級生だったキリ子ちゃん、せっかく入った大学やめちゃって、ネットで何だかよくわからない事業を始めたらしいよ」

キリ「へえ、すごい決断だね。尊敬するなあ」

アリ「一度始めたことは最後までやりきることに意味があるんじゃないの？　大学は卒業することに意味があるんだよ。そういう人は何をやってもうまくいかないと思うけどなあ」

キリ「いいじゃない、もっと面白いものが見つかったんだから」

これは前項の「未来か過去か?」に関連する違いですが、「一度始めたこと」あるいは「これまでやってきたこと」というストックにこだわるのがアリの特性です。したがって、「一度始めた」ことは何が何でもやり抜く強い意志があります。しかしこれは一方で「変化に柔軟に対応する」ことが犠牲となります。ここでも「長所は必ず短所にもなる」のです。

何でも飽きっぽく、「何をやっても長続きしない」といつもアリからバカにされているキリギリスですが、逆にいえば過去のしがらみに一切とらわれずに「今とこれから」だけを考えてベストと思えることに意思決定ができる「フットワークの軽さ」を持っています。

だから多くの場合、キリギリスの肩書は「中退」であったり、職歴が次から次へと変わったりします。この観点でいえば、「離職率の低い会社」はアリにとってみると「居心地の良い素晴らしい会社」ということになりますが、キリギリスにとっては「変化も刺激も少ない退屈な会社」ということになるのです。

前例がないからやらないアリ、ないからやるキリギリス

アリ「会社が全社的に新しい働き方の提案を募ったんだ。だから僕は、どの曜日に休むかは個人で決めればいいというアイデアを出したんだけど、『そんな話、聞いたことない』って、上司に却下されちゃった」
キリ「いいこと思いついたねえ。でもその却下の理由、よくわからないね」
アリ「まあ前例がないから仕方ないよ」
キリ「だからこそ話題になって、採用の武器にできるかもしれないじゃない。そもそも新しい働き方なんでしょ？　前例があるんなら、新しくもなんともないんじゃないの？」

過去を見て判断することの一例が「前例主義」です。基本的にアリはすでにやったこと、他者がやったことといった「すでに起こったこと」をベースに、それを真似《まね》して何かをやろうという発想です。言い換えると、すべて「いまあるもの」から発想するのがアリの思考回路といえます。

前例がないことは基本的にやらないというアリに対して、常に「いまないもの」をこれから新たにつくってやろうというのがキリギリスです。

「前例がない」に対して「だからやらない」がアリで「だからやる」がキリギリス、「他者（社）がやっている」に対して「だからうちもやる」がアリで「だからうちはやらない」がキリギリス。これほど明快な違いはないでしょう。

このようにすべてアリは「他に合わせる」ことを旨《むね》とします。常に周囲を見回して「横並び」を意識して出る杭《くい》にならないようにします。対するキリギリスは基本的に天邪鬼《あまのじゃく》なので、常に「逆張り」をして他の人がやっていないこと、他の人と違うことを志向しています。

「空気を読む」アリと「空気を読まないキリギリス」の違いといってもいいでしょう。

もれなく記録することが大事
メモを取る
その場でどう思ったかが大事

メモするアリ、メモしないキリギリス

アリ「最近うちの部に入ってきたAさん、なんでもきっちりとメモを取ってるんだよね。見習わなきゃ」
キリ「メモ取ってる人って本当に聞いてるのかなって思うことあるけどね」
アリ「ええ?? どうして? メモを完璧に取ってるってことはちゃんと聞いてることの表れでしょ?」
キリ「本当に真剣に聞いてたらメモ取ってる余裕なんてないんじゃないの?」

ストック重視のアリは、普段の仕事でも「記録する」ことに優先順位を置きます。相手の言うことは「すべて」メモをし、会議をすれば精緻な議事録を残し……といった具合です。

このような姿勢は観光地を訪れたときにも現れます。とにかく記録に残すことが大事なアリは、目の前にある実際のものを観察するのはそっちのけで、写真やビデオを撮りまくります。その場の経験よりも、後から振り返れる記録を残すことが重要だからです。

対するキリギリスは「その場の経験」を何よりも重視します。誰かの話を聞いているときもメモは最小限にして、「その場で感動したこと」「その場で疑問に感じたこと」を重視して、「メモを取っている暇があるなら相手に質問する」ことを優先させるのです。

観光地の写真も、単なる景色や銅像を撮るだけなら、後から絵葉書を買えばいいと思っていますから、せっかく現地に行ったなら実物を五感で感じることのほうが大事だと考えます。フローとストックの違いというのは、このように「経験」そのものと「記録」という志向の違いにも現れてくるのです。

ブランド好きのアリ、興味のないキリギリス

アリ「週末にB社のセールがあるから、早起きして並ばなきゃ」
キリ「あのカバンとかで有名なブランドの？」
アリ「そうそう。前から欲しかったんだよね。あれ持ってると周りの目が違うんだよね」
キリ「へえ。僕はどっちかっていうと誰も知らないブランドを持ってて、何それって言われるほうが快感だけどね」

ストック志向のアリは有名ブランドの信者です。これも「積み上げられたもの」を重視するアリに特徴的な思考です。要は

「有名で」「皆が持っている」ものが信用の拠《よ》り所《どころ》となるのです。そのような個々のアリ個人の思考回路はアリの巣全体の価値観を象徴しています。皆がブランドを志向するので、「世間の目」や周りの人の価値観を気にするアリ社会においてはさらにその価値が上がっていくという構図です。

対して、天邪鬼で他人と同じことをすることを潔しとしないキリギリスは、ブランドに関しても「逆張り」を常に意識しています。もともと有名かどうかにはあまり興味がないキリギリスなので、強いてブランドを選ぶ場合でも「他の人が知らなそうなもの」を志向するのです。市場シェアが高いものを志向するアリに対して、キリギリスはむしろシェアが下位のものから順番に目を向けていきます。

偉大な親に寄生するアリ、早く離れたいキリギリス

キリ「なかなか就職決まらないよ」
アリ「君のお父さんってC社の役員さんじゃなかったっけ？」
キリ「だから？」
アリ「人気企業に簡単に入れるのかと思ってたよ」
キリ「親のコネなんて死んでも使いたくないよ。だからあそこだけは絶対に受けない」
アリ「理解できないなあ……」

持てるアリと持たざるキリギリス、その一つの例が、個人でいえば持って生まれた「家柄」や「財産」です。アリは親が偉

かったり家が金持ちだったりすれば、極力その「七光り」にあやかって親が「お偉いさん」をやっている同じ会社に就職し、財産もフルに活用しようとします。「あるものは何でも使え」というわけです。

対するキリギリスは、そのようなものはすべて「しがらみ」というネガティブな文脈で捉《とら》え、なるべくそのようなものから距離を置こうとします。親の会社に入ったら、たとえ実力で昇進しても「あの人は○○さんの子供だからね……」といつまでたってもその「呪縛《じゅばく》」から逃れられないのがわかっているからです。だから親と同じ会社に入るなんてことはしません。さらに、「偉大な親」のことはできるものなら隠しておきたがるのがキリギリスです。

会社や組織でも同様です。アリはなるべく会社や組織の名前を使って仕事を取ろうとします。「実は弊社は（有名な大企業の）○○社のグループ会社なんですよ」と「バックの大きさ」をアピールすることで相手を信用させることが重要だと考えます。もちろんこの戦法は顧客もアリである場合には絶大なる効果を発揮します。アリは基本的に「本人に何ができるか」というフローよりも「その人が持っているもの」としてのストックに着目するからです。

キリギリスの考え方は正反対です。営業においてもなるべく「バックの大きさ」を使おうとはしないばかりか、「親会社は親会社、子会社は子会社」と親とは距離を置き、場合によっては対立も辞さずです。

恩を売り買いするアリ、興味のないキリギリス

あれから頑張ったんだね
自分が育てたのに挨拶にも来ない…
立派になった後輩

キリ「最近話題になっているベンチャーのD社長って、アリさんの元同僚らしいね」
アリ「ああ、同僚じゃなくて元部下ね」
キリ「あの人、アリさんの会社を辞めてからずいぶん頑張ったんだね」
アリ「いやそもそも関係者に紹介してあげたのは僕なんだよ。でもその後、挨拶《あいさつ》にも来ないよ。実に恩知らずなやつだよね」

人間関係に関する考え方も、アリとキリギリスでは異なります。

アリは他人に対しても世話を焼き、焼かれることを好みます。またそのような形で発生した「恩というストック」を重視して、いつまでもそれを覚えています。だからアリは口癖のように「○○を育てたのは自分だ」とか「××を紹介してやったのは自分だ」と言い、それに対する感謝や返礼を常に求めます。

キリギリスは他者への貢献もその場で必要だと思えば行いますが、「相手のためにやってやっている」というよりは、「それが相手に必要だと『自分が思う』からやっている」というスタンスなので、恩を売るとか売られるという考えが希薄です。もちろん相手に対する感謝の気持ちはありますが、それはその時点でお礼を言ったり何らかの貢献を返したりすることで表現し、基本的にはそれで終わりです。

それゆえしばしば、アリの側からすればキリギリスは「失礼な人」ということになりますが、逆にいうとキリギリスはいつまでも他人を恨んでいるといったネガティブな意識も引きずりません。「昔のことをいつまでもひきずる」アリに対して「引きずらない」キリギリスの対立構図も、人間関係においてしばしば見られるものです。

第 3 章

閉じた系と開いた系

巣があるアリ、巣がないキリギリス

本章では、アリとキリギリスの思考回路の違いの原因となっている二つ目の要因である「巣があるかないか」について、考えてみます。

「巣」というのは、「自分が依《よ》って立つ集団とその住み家」の象徴です。巣があるかないかによって、大まかにいうと次のような命題での考え方が大きく違ってきます。

- 内と外を意識するか？
- 線を引くか引かないか？
- 重視するのは組織か個人か？

これらの違いはいったい、何を意味するのか。また、どんな対立や齟齬《そご》を引き起こすのか、見ていきましょう。

ウチ・ソトが明確なアリ、境界がないキリギリス

キリ「この前一緒に飲んだ君の同僚のEさん、感じがいい人だったね」
アリ「ああEさんね。あの人は一緒に仕事はしてるけど、実際にはうちの会社の人じゃないんだよね」
キリ「へえ。会社が違うと何が違うの？」
アリ「そりゃ大違いだよ」
キリ「それって、仕事と関係あるのかなあ」

アリの意識の根底には、「内と外」という発想があります。アリの巣のように、自らが所属する集団の構成員であることを

強く意識し、その内側で起こっていることと外側で起こっていることを明確に区別して考えます。「鬼は外、福は内」という発想が、典型的にアリの思考回路を表しているといえるでしょう。したがってアリにとっては「巣の中の論理＝正しいこと」で、それに反するものは間違っているという「正・誤」あるいは「善・悪」が判断基準になります。

キリギリスにはそのような境界もなければ、内と外という感覚もありません。あるのは自分自身と無限に広がる大草原だけです。そこで起こっている事象に明確な線引きをして、ここまでは正しくてここから先は間違いであるというような区別をすることもありません。一つ一つの事象をありのままに見て、そこから自らの判断を導くことを一つ一つやっていくのがキリギリスの日常といえます。

アリはチームワークが得意です。チームではミッションを決めればその中において集中して力を発揮しますが、裏を返せば、このような思考回路はチームの外に対して排他的になるという弱みにもなります。「仲間意識の強さ」と「セクショナリズム」は表裏一体のものだからです。

キリギリスは人に対しても、「誰は仲間だが誰は仲間ではない」という発想もありません。個々の事象に対して、目的に合わせて最善のメンバーを集め、自分の強みを生かし、弱みを補ってくれるような他者と連携して目的を達成していきます。そして一つの目標が達成したら、そのチームは解散するという動き方を志向します。

「仕事と遊び」に関する考え方も同様です。アリは「仕事は仕事、遊びは遊び」とこれらは対立する概念で明確に線引きをします。公私の区別も明確にすべきというのがアリの価値観です。これに対してキリギリスは遊びのように働き、働きながら遊びます。その間に明確な区別はなく、良くも悪くもすべて（アリに言わせれば）「公私混同」なのです。

北大路魯山人《きたおおじろさんじん》は「なんでもよいから自分の仕事に遊ぶ人が出て来ないものかと私は待望している。仕事に働く人は不幸だ。仕事を役目のように了《お》えて他のことの遊びによって自己の慰めとなす人は幸せとはいえない。政治でも実業でも遊ぶ心があって余裕があると思うのである」という言葉を残していますが、これがまさにキリギリスの価値観です。

「ワークライフバランス」と聞いて、「その通りだ」と思うのはアリの価値観ですが、キリギリスはこの言葉そのものの意味が理解できません。そもそも「ワーク」と「ライフ」は表裏一体のものだからです。

仕事や働き方についてのあるべき姿を議論していても、このような基本的なスタンスを合わせずにやっていてもお互いのスタンスを理解することは不可能でしょう。

二者択一のアリ、二項対立のキリギリス

よく分かるなぁ！
そんなにきれいに分けられないよ
アリとキリギリス

アリ「この前言ってた『アリとキリギリス』の話だけど、あれやっぱりおかしいよね」

キリ「どこが？」

アリ「だってそもそも人間を二つに分けちゃうなんてあまりに短絡的だよね。人間って複雑だからそんなに割り切れるもんじゃないよね。組織にいたって自由に振る舞っている人はいっぱいいるし」

キリ「いや、全然そういう意味じゃないんだけどなぁ」

何事も「内と外」のように、明確に二つのものの間に「線を

引いて考える」アリは、対立する二つの言葉を見ると、それがまさに「白と黒」のように真っ二つに分かれていると考えます。「保守か革新か」とか「安全か危険か」と言われれば、どちらか一方しかないと受け取るのがアリの思考回路です。つまりこのような言葉をアリは「二者択一」であると受け取ってしまうのです。したがってアリは、「アリとキリギリス」のような言葉を聞くと、「二つには割り切れない」「例外的なものもたくさんある」という否定的な反応になります。

対してキリギリスは、このような対立する二つの言葉を「対立概念」として捉《とら》え、考え方の方向性を示しているものと受け取ります。人間の考える能力の一つに抽象概念を操作することが挙げられますが、そのために重要なのが「対立概念」を用いることです。

これはキリギリスならではの能力であり、後述する「具体と抽象」の違いにもかかわってきます。二つの対立する言葉を具体レベルで捉えるか、抽象レベルで捉えるかの違いといえます。アリは「白」も「黒」も具体的に捉えるので二者択一となりますが、キリギリスは白と黒を抽象概念として捉えるので、それらを両極とした「スペクトル」として考えることができるのです。

このような思考回路を反映して、よくキリギリスは自分の主張を表現するのに「シンプルに極論する」ことをします。「こういう職業の人はこう考える！」

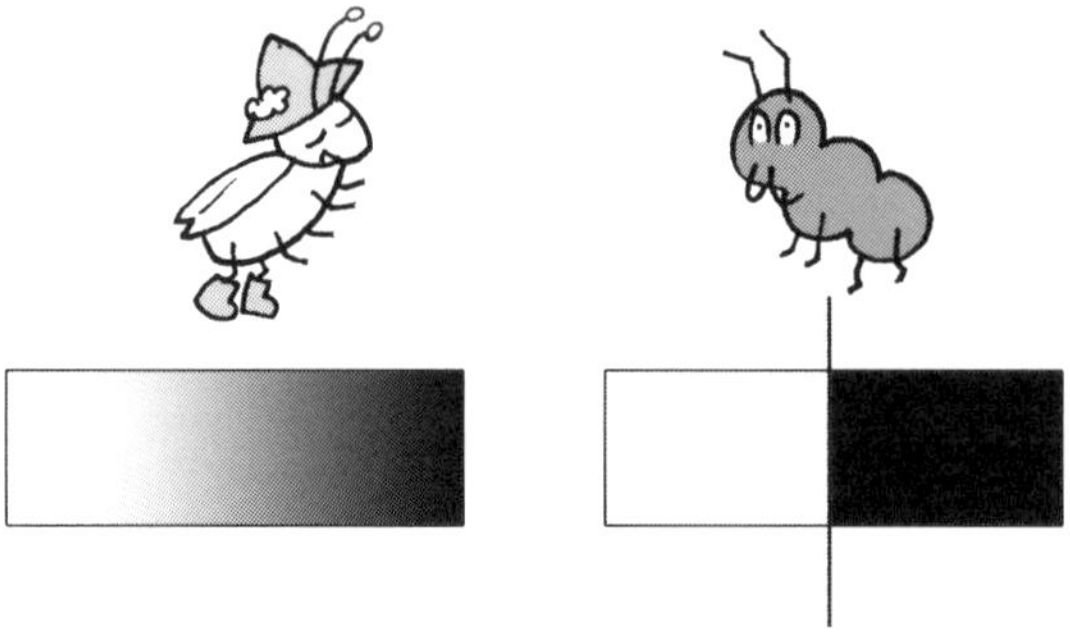

というように言い切ってしまうのです。これはあくまでも主張の論点を明確にするためであり、本当にその職業の人がすべてそうだと言っているわけではありません。

ところがこういう発言を聞いたアリは、キリギリスがすべてについて「白でなく黒だ」と決めつけていると受け取ってしまうために、「そうは言ってもこういう場合もあるじゃないか」と例外的な事項を持ち出してキリギリスに「反論」を試みるわけですが、もともと論点がまったく噛《か》み合っていないため、こうしたやりとりは生産的な方向へ向かうことはないのです。

「線を引く」アリと「論点の次元を出す」キリギリスの思考回路の違いは、コミュニケーションにおいても誤解の温床になっています。

規則は絶対のアリ、規則は変えるキリギリス

現実に
合わなければ
変えれば良い
守るべき
絶対的なもの
規則

アリ「わからないやつだなあ。それは規則だから変えられないんだって」
キリ「だって、それじゃおかしいでしょ？」
アリ「だから言ってるじゃない。規則だって。規則は規則だよ」
キリ「そんなおかしな規則、なんで変えられないの？」

アリの思考回路の根本にある「線引き」の考え方の最たるものが、「規則」や「ルール」です。アリはすべての規則が「神聖不可侵」の絶対的なものだと考え、すべての拠《よ》り所《どころ》と考えま

す。つまり「規則∨人間」という発想です。常に規則を守り、守らせるのがアリの仕事です。その規則がそもそも妥当かどうかというのはアリの眼中にはありません。とにかく守るべき絶対的なもの、それが規則なのです。

キリギリスは、規則はあくまでも人間が集団で生活しやすくするための手段の一つであるとしか考えていません。だからおかしいと思えば守らないこともあるし、環境変化によって時代遅れになったものは変えるべきだと考えています。

アリだって理想的には規則を柔軟に運用できればいいことぐらいはわかっていますが、一度そんなことを始めたら集団の秩序が維持できなくなることもわかっているので、絶対的なものであるとしておきたいのです。そうすれば、すべては規則や「規則を決めた人」の責任となり、都合がいいのです。

アリにとっては「良いことと悪いことの違い」は「規則に則っているかいないか」であり、規則に則っていないことは理由がどうあれ「悪いこと」で、人に迷惑をかけようが会社の利益を損ねようが、「規則に則っていれば問題ない」と考えるのです。

解釈から事実を見るアリ、事実から解釈を作るキリギリス

アリ「最近ファミレスとかコンビニでよく聞く『バイト言葉』って気になるよね」
キリ「ああ、例の『よろしかったでしょうか』とか『ナポリタンになります』みたいなやつね」
アリ「そうそう。日本人なんだからちゃんとした正しい日本語を勉強しろってんだよ。大体最近の若いやつは……」
キリ「君の言ってることと、『頭の固いおっさん』みたいだよ。言葉なんて昔からどんどん進化してきて今の日本語があるんじゃない。何が正しい日本語かなんて、百年もしたらガラッと変わってるでしょ」

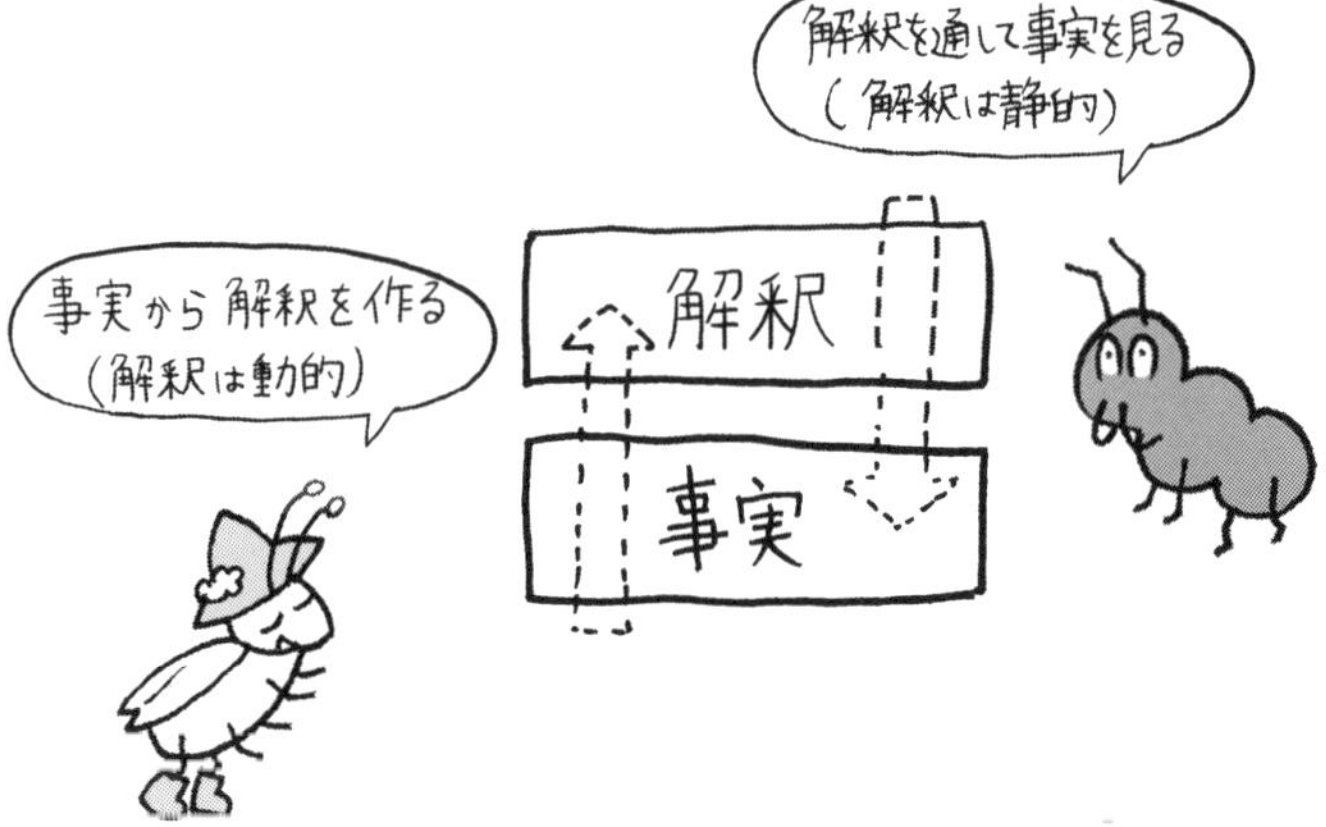
解釈を通して事実を見る
(解釈は静的)
事実から解釈を作る
(解釈は動的)
解釈
事実

アリは「正しい日本語」や「正しいマナー」といったものが大好きです。逆に身の回りのものを「正しいか間違いか」で判断するアリにとっては、「間違った言葉づかいやマナーの乱れ」は許すことができません。アリの「正しいか間違いか」の判断は、自分の巣の掟《おきて》が拠り所となります。自分の世代や業界、出身地における基準がすべてとなります。

キリギリスにはそもそも「正しい・間違い」あるいは「常識・非常識」という語彙《ごい》すら持ち合わせていません。「○○の常識は××の非常識」という言葉が示すように、常識というのは所詮《しょせん》、ある狭い範囲の価値観に過ぎないのだと認識していますから、時代や状況に合わせて文法もマナーも変化して当然と考えています。

文法やマナーの話をさらに一般化すると、アリは世の中の解釈を通して事実を見ますが、キリギリスは事実から自分なりの解釈をするといえます。解釈に従って事実を変えようとするのがアリ、事実から解釈を変えようと

事実	解釈
誰にとっても同じ	人によって異なる
時とともに変化しない	時とともに変化する
陳腐化しない	陳腐化する
中立的	毒にも薬にもなる
「次元」がない	「次元」がある

するのがキリギリスであり、ここでも両者のスタンスは百八十度違います。

これを模式的に表したのが前ページの図です。

ここで表現している「事実」と「解釈」に関する本書における定義を上の表に示しておきます。

厳密にいうと、アリは「事実と解釈を一緒くたにして、それを『常識・非常識』と呼んでいる」ということになります。本来は人や状況によって変化する解釈を、固定化された絶対的なものだとみなし、それをすべて自分の巣の価値観で判断するのがアリの思考回路です。

キリギリスにとっては「誰が見ても同じ」なのは事実だけで、解釈は状況によって異なり、そこには「正しい・間違い」も「常識・非常識」もないと考えるのです。

仕事の基本
「ご挨拶」と冠婚葬祭
なるべく逃げたいなあ

「ご挨拶」に生きるアリ、逃げるキリギリス

アリ「年末年始は忙しくて大変だよ。もう取引先への挨拶《あいさつ》回りだけでほとんど時間が取られてね。重たいカレンダーに手帳を持ち歩いてさ」

キリ「いまだにそういうことやってるんだ。僕なんかしばらくメールでしてたけど、最近はそれすらも面倒くさくなっちゃってね。でも今の時代、もっと効率的なやり方ってあるんじゃないの？」

アリ「挨拶回りって仕事の基本でしょ？　わざわざ時間をかけて顔を出すことに意味があるんだよ」

キリ「そういう儀礼的なことって無駄だと思うけどなあ。最近

結婚式の案内をよくもらうんだけど、本音を言うと全部出たくないんだよね」

規則やルールに限らず、「（目に見える）形式が重要」というのがアリの価値観です。冒頭の会話にあるような「ご挨拶」もアリにとっては仕事の基本です。アリは仕事もすべて「仲間うち」で回し合うのが基本であり、そこでは儀礼的な「冠婚葬祭」も含めたセレモニーや公式行事が非常に重要です。

キリギリスにとっては「ご挨拶」はすべて時間の無駄だと思っています。もちろんキリギリスだって一人で仕事ができるとは思ってはいませんから、人間関係の重要性は理解しているし、その基本として挨拶は重要だと認識しています。

ただしここで言っているのは日常の挨拶とは違う「ご挨拶」という儀礼的なもののほうです。普段からお付き合いしている人たちのところになぜ改めて年末年始だからといって「用もないのに」出かけていって、相手が「使うか使わないかわからない」カレンダーや手帳を配らなければいけないのか、それが無駄に見えるということです。

冠婚葬祭をはじめとするフォーマルな儀式はアリの巣で生きていくためにはある意味何よりも重要なことですが、キリギリスはこのような儀礼的なものにはいっさい関わりたくないのが本音なのです。

群れるアリ、群れないキリギリス

アリ「今週はうちの部の懇親会に同期会、それから大学の同窓会もあって夜忙しいんだ」
キリ「そういう飲み会が続いて、疲れない？」
アリ「仕事の基本だよ。部のチームワーク、同期のつながり、大学の同窓会でもその中で仕事が回ってるからね」
キリ「へえ。ということは、逆にそれ以外の人とはあまり付き合わないんだね」

「巣」を基本行動単位とするアリは、群れるのが好きです。アリにとっての唯一の行動単位は「巣」ですから、集団で行動するのが前提です。だから最も重要なことは「仲間とのコミュニケーション」です。集団で物事を遂行していくには、自分一人がどうするかよりも、仲間と一緒に最大の力を出すことが何よりも大事です。

ところがキリギリスはこれを見て少し「気持ちが悪い」と感じます。キリギリスにとって最も重要なのは「個」だからです。

もちろんキリギリスだって一人ですべてをやろうとするわけではなく、仲間と一緒に仕事をしたほうが進みやすい状況もあることを知っていますが、それはあくまでも自分の強みという形で仲間の集団に貢献しながら、自分の弱みを補ってもらうということ。つまり「個の結びつき」をベースにしたものです。

個々の事象ごとに最適の「プロジェクトチーム」を結成し、用が済んだら解散して次の仕事に向かうのがキリギリスのワークスタイルであるのは、プロローグで表現した通りです。

天はアリの上にアリを作り、キリギリスの上にキリギリスを作らず

アリ「今度うちの会社のF専務に直々にプレゼンすることになったんだ。雲の上の人だから緊張しちゃうなあ」
キリ「ふーん。その人、そんなに偉いんだ」
アリ「僕らのレベルじゃ普段は口もきけないような人だよ」
キリ「そうなんだ。会社の中でもそんなに序列があるのか。理解できない世界だなあ」

アリの「巣」の秩序は序列とルールで保たれています。組織が大きければ大きいほど一般的には規則も多く厳格になり、構成員の序列も明確になっていきます。「軍隊」が最もわかりや

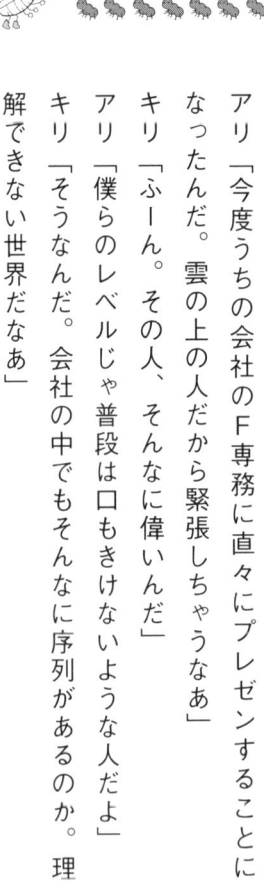

すい例ですが、そこまでいかずとも多かれ少なかれアリは序列を意識した行動が基本です。

したがって、日常的にもこの序列を良くも悪くも引きずることになります。「自分より上」と思う人には絶対服従である代わりに、「自分より下」と思う人には横柄な態度をとるといった具合に、普段から自分が序列のどこにいるかを強く意識しています。上司と部下では露骨に態度が違ったり、顧客の重役と納入業者の担当者とではあからさまに待遇を変えた態度をとります。

その意味で日本人は儒教の影響もあり、年功序列、先輩・後輩といった意識が強い分、アリの価値観が共有されている側面が多いといえるでしょう。

キリギリスにとっては人間に上下はありません。「偉い人」にも必要以上にへりくだらない代わりに、年下の人に対して、あるいは納入業者や飲食店員に対する顧客の立場であったとしても敬意を払って接します。

アリは常に、相手や自分の肩書を前提に、「格の上下」を意識しています。例えば教員でもないのに「先生」と呼ばれることを好み、また呼ばれないと不機嫌になるのがアリです。キリギリスはむやみに「先生」などと呼ばれると「背中がムズムズして」たまらないのです。

本流志向のアリ、傍流志向のキリギリス

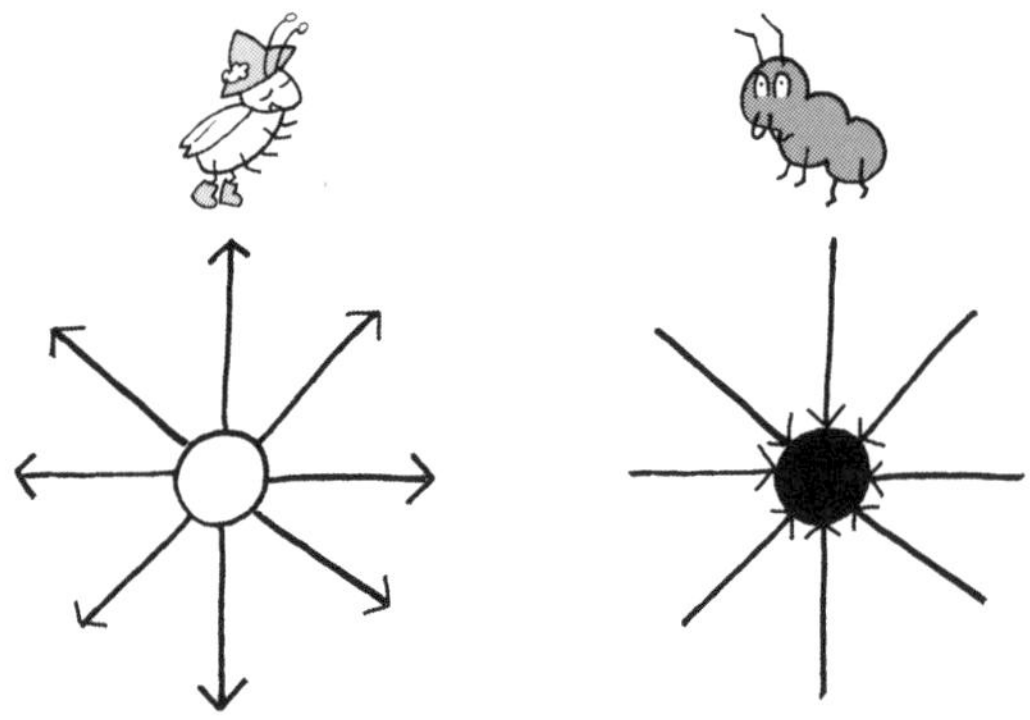

アリ「同期のGさん、来月から地方に転勤だって。しかも離島みたい。かわいそうにね」
キリ「えっ、どうして?」
アリ「だって左遷ってことでしょ? 何をやらかしたのかな」
キリ「うるさいこと言われなくて羽伸ばせるじゃない。僕なら目一杯楽しんじゃうと思うけどね」

アリは巣を中心に考え、さらにいえばそのまた中心の「女王アリ」が世界の中心であるという発想です。外よりは内、周辺部よりは中心部という価値観です。会社でいえば、世界の中心

は「本社の社長」であり、本社∨支社、都会∨地方、親会社∨子会社、先進国∨新興国、本流∨傍流といった具合に、「どちらが偉いか」といえば「中心に近いほう」という明確な価値観を持っています。そのためアリは、「地方＝左遷」「（片道切符の）子会社出向＝敗北」といった捉え方をします（というより、「アリの巣」全体の価値観がそうなっています）。

ところが面白いことに、キリギリスの関心はまったく逆で、常に外側に向かっています。もともとキリギリスの世界に中心はないのですが、すべてをフラットに見るキリギリスは、皆が重視する「中心部」に負のバイアスをかけて見るがゆえに外側への志向がより強くなり、選択肢を与えられると常に外側、つまり多くの人が関心を持たない「傍流」を志向することになるのです。

したがってキリギリスは、「地方に飛ばされる」ことや「本流から外れる」ことをむしろ歓迎します。いちいち干渉されないから自由にできる（後述のように、「自由」はキリギリスが最も望むことの一つです）のはチャンスであると前向きに捉えます。

これが一般にキリギリスが「天邪鬼《あまのじゃく》」と思われる原因の一つです。アリは人やお金が集まる本流、エスタブリッシュメント側を志向するのに対して、キリギリスは「ないないづくし」の傍流を志向するのです。

新しい価値観を否定するアリ、活用するキリギリス

アリ「最近、外国人観光客が増えて困るよね。マナーが悪いし」
キリ「でもマナーっていっても、それって日本人が考えるマナーでしょ？」
アリ「だって時間を守るとか列に並ぶとかって、人間として当然のことなんじゃないの？」
キリ「そうかなあ。日本人だけが異常に神経質だっていう見方もできない？」

アリにとっては自分が生まれ育った国や組織、あるいは時代や環境における価値観が「唯一絶対」のものであり、それ以外の価値観はすべて悪であるとしてその相手を頭ごなしに否定してかかります。いつの時代にも起きる世代間ギャップにおいても、「正しいのは自分の世代」という前提を崩さず、新しく生まれてきた世代を「まったく、今の若い者たちは」と嘆き、「自分たちの育った時代は」とノスタルジーを語ります。国家間や宗教間の対立についても同様でしょう。「すべて悪いのは相手のほうである」という前提があるかぎり、不毛な戦いが終わることは永遠にないように思えます。

キリギリスは「違うものは違う」というありのままの事実を認識し、その違いを理解しようとします。その違いに対する姿勢も「相手を変えようとする」のではなく、まずは「相手を理解できないのはなぜか？」と考えて自らの視野を広げたり、両者が共存できるように世の中の仕組みを変えることができないかと考えるのです。

革新者といわれる人たちはこのような世の中の矛盾を発見し、そこに新しい変革の機会を見いだします。これこそこれまで「世界を変えてきた」キリギリスたちの思考回路なのです。

アリの履歴書、キリギリスの履歴書

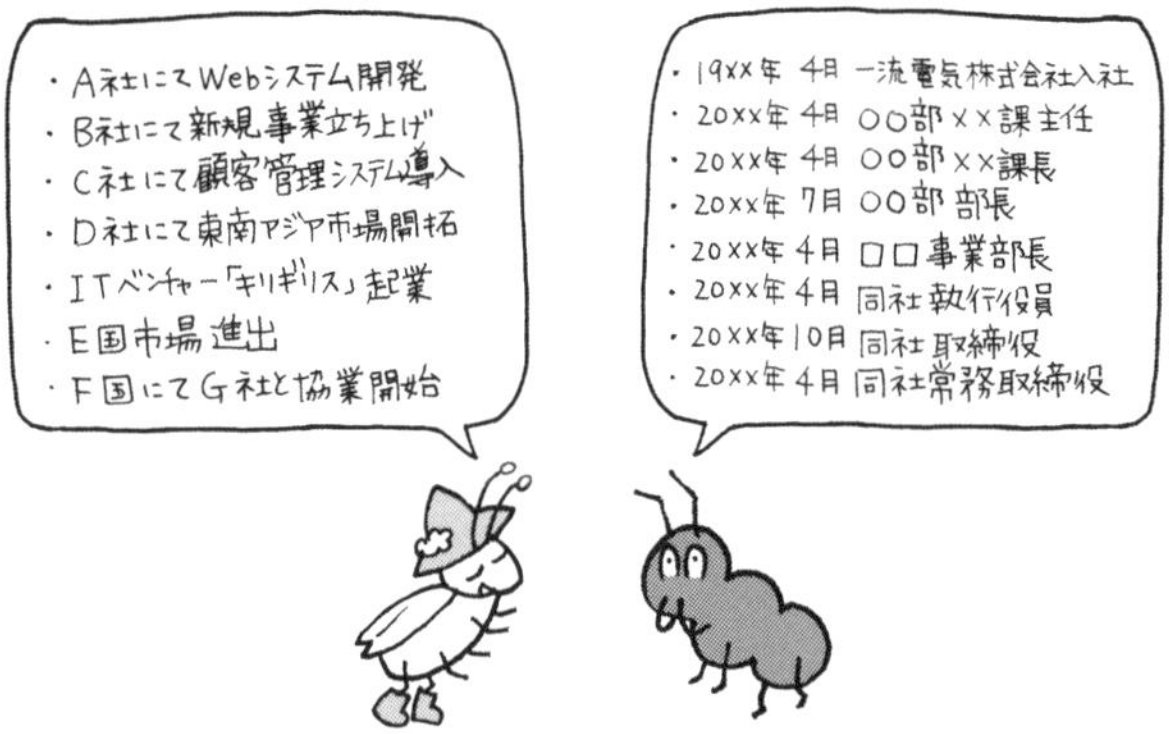

キリ「見て、このプロフィール。噴き出しそうになっちゃったよ」
アリ「えっ？　これの何がおかしいの？」
キリ「だってこれ、単なる肩書の羅列じゃない」
アリ「プロフィールってそういうものでしょ？」
キリ「そうなの？　人材紹介会社に行って〝私は部長ならできます〟って言う人がいるというのは、こういうことか」

序列が大事なアリにとって「肩書」は、アリの巣で生活するために何より重要なものです。キャリアプランを考える上では

「何をするか」よりも「どんな役職につくか」が重要なのです。だからそれが「履歴書の違い」となって現れます。

アリの履歴書には「いつどんな役職になったか」が羅列されています。これがアリにとっての「通信簿」だからです。「形から入る」アリは、まず「どんなポスト（役職）があるか」でキャリアプランを考えます。人との新たな出会いにおいても、最初に見るのは相手の肩書です。そしてその人がどんな組織にいるのかが重要です。

アリにとっての肩書は、役者にとっての演劇の「役」のようなものです。組織という「舞台」における「役名」が肩書であり、劇中における役者のアイデンティティそのものということになります。

キリギリスは肩書そのものには何の興味もありません。何をやるのか、何ができるのかが重要だからです。役職というのも何かを実現するための手段でしかありません。初対面でまず見るのは、その人が信用できる人なのか、何ができる人なのか、ということです。

アリの価値観は「組織＞肩書＞個人」であるのに対して、キリギリスは「個人＞肩書＞組織」であり、重要度の高い順が逆になるのです。

「大名行列」に憧れるアリ、無駄と考えるキリギリス

アリ「この前出張に行ったら、空港でＨ社の社長さんがちょうど同じタイミングで出張みたいだったんだけど、お付きの人に出迎えに、すごい人数だったよ」
キリ「へえ、そうなんだ」
アリ「有名な会社の社長さんともなると、すごいんだね。やっぱり偉くならなきゃって思ったよ」
キリ「何がすごいのかさっぱりわからないなあ。ただの無駄としか思えないけど」

先に述べたように、「アリの巣」にとって序列とそれに付随

する権威は秩序を維持するために必須です。したがって、序列の高い人にはどこに行くにも、何人もの「かばん持ち」やら何やらで、多数のお付きの人が随行します。単に、川下の世界（後述）では分業が進んでいるため、さまざまな担当者が勢ぞろいしないと一つの仕事が完結できないということもありますが、アリの世界における序列の高さを誇示するためにも「大名行列」が必要なのです。

それを見た働きアリは「早くそういう身分になりたい」と憧《あこが》れ、また出世の象徴としての大名行列は、その地位まで達した人たちが「ついに自分もここまで来たか」という満足感を得るためにも必須のものです。特に海外出張ともなれば、まさに大名行列の出番ということになります。出張の同行者に加えて、海外駐在者も幹部へのアピールの絶好のチャンスとばかりに、気合を入れて添乗員役を恭《うやうや》しく演じ切ります。

キリギリスはそんなものにはまったく興味がなく、むしろ集団で移動すれば成約ばかりが増え、フラッと「現地の屋台でつまみをほおばる」などという気楽な行動ができなくなるので、同行者も不要、空港への出迎えも時間の無駄だと思っています。プロローグでも記されている通り、キリギリスはとにかく「身軽である」ことを最も重要視するのです。

アリのプレゼン、キリギリスのプレゼン

キリ「偉い人のスピーチって、何であんなにつまんないんだろうね」

アリ「そう？　どういうこと？」

キリ「誰かが書いた原稿の丸読み。一般論ばかりで棒立ちで言葉の抑揚もなし」

アリ「まあ仕方ないよ。何かまずいこと言ったら問題になっちゃうからね」

キリ「だったらロボットにでも読ませればいいのに。原稿あるんならロボットにもできるし、読み間違いもないよ。愛嬌《あいきょう》だって下手な人間よりあるからね」

アリとキリギリスの思考回路の違いは、プレゼンテーションや発表・演説でも如実《にょじつ》に現れます。

アリにとってのプレゼンテーションは「聞き手にとって面白いかどうか」ではなく、失敗しないことが重要です。あらかじめ用意された原稿をきっちり読み終えることがプレゼンテーションの極意といえます。「当たり障りのない」一般論が多くなり、専門のスピーチライターが別にいて、本人の言葉で語るよりもソツのない内容であることが求められます。形式がフォーマルですから服装もフォーマルです。キリギリスは「面白くなければプレゼンテーションじゃない」が大前提です。原稿を読むなど論外で、相手の感情に訴えるために「自分の言葉で語る」のが必須です。

この基本的なスタンスの違いは、日常のコミュニケーションすべてに現れます。「真の謝罪の表明」とは、アリにとっては「心からのお詫びを申し上げます」という原稿を組織のトップが礼服を着て大勢の前で読み上げることです。対してキリギリスにはそのような「心からのお詫び」は意味がないばかりか、時間とお金の無駄遣いです。ひとことでも当事者が直接「ごめんなさい」と頭を下げてくれればそのほうが謝罪となります。

郵便はがき

切手をお貼りください。

102-0071

東京都千代田区富士見一―二―十一
KAWADAフラッツ一階

さくら舎 行

住所	〒　都道府県		
フリガナ		年齢	歳
氏名			
		性別	男　女
TEL	(　　)		
E-Mail			

さくら舎ウェブサイト　www.sakurasha.com

愛読者カード

ご購読ありがとうございました。今後の参考とさせていただきますので、ご協力をお願いいたします。また、新刊案内等をお送りさせていただくことがあります。

【1】本のタイトルをお書きください。

【2】この本を何でお知りになりましたか。

1.書店で実物を見て　2.新聞広告（　新聞）
3.書評で（　）　4.図書館・図書室で　5.人にすすめられて
6.インターネット　7.その他（　）

【3】お買い求めになった理由をお聞かせください。

1.タイトルにひかれて　2.テーマやジャンルに興味があるので
3.著者が好きだから　4.カバーデザインがよかったから
5.その他（　）

【4】お買い求めの店名を教えてください。

【5】本書についてのご意見、ご感想をお聞かせください。

●ご記入のご感想を、広告等、本のPRに使わせていただいてもよろしいですか。
□に✓をご記入ください。　□ 実名で可　□ 匿名で可　□ 不可

第 4 章

二次元と三次元

地に足が着いているアリ、
跳ぶキリギリス

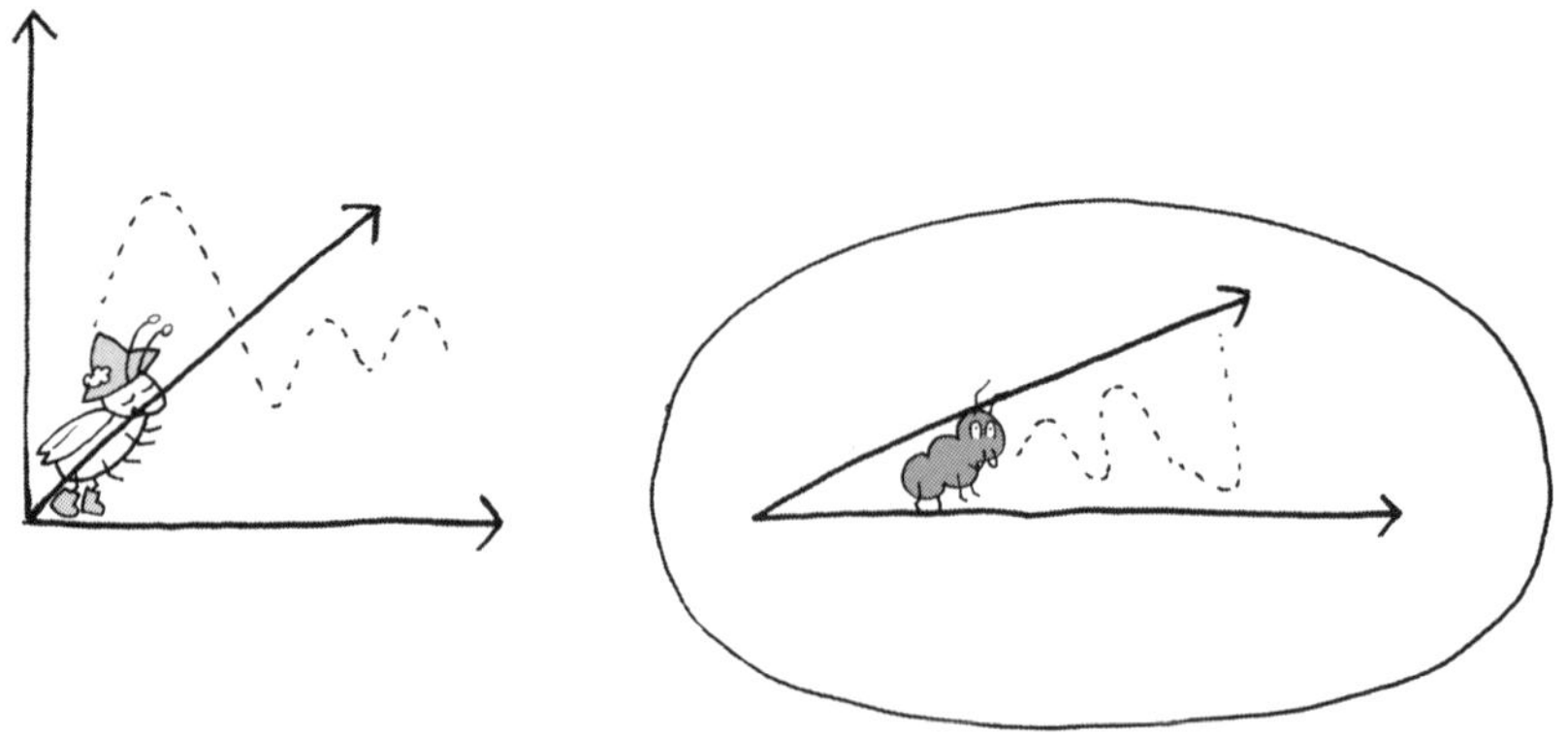

本章ではアリとキリギリスの三番目の違いである行動範囲、思考範囲の違いについて見ていきます。歩くだけのアリは二次元で、それに「ジャンプする」という飛び道具が加わったキリギリスは三次元の動きが取れます。

その「次元の差」は、アリとキリギリスのさまざまな行動パターンや思考回路の違いとなって現れます。

ここでいう「次元」は、「自由度」を意味します。アリは「前後左右」という平面上については自由に動けますが(逆にいうと平面の中だけに行動が制限されている)、キリギリスはそれに加えて「縦方向」にも自由に動けるので、「縦軸」というもう一つの「軸」を持っています。

ここでのアリとキリギリスの思考回路の差は、固定された次元の中で考えるか、さらに別の次元を自由に発想できるかの違いとなって現れます。つまり「固定次元」のアリと「可変次元」のキリギリスの違いということです。

次元=自由度であるという話とつなげると、「自由度が制限されたアリ」と「好きなように自由度を増やすことができるキリギリス」が両者の違いということになります。

さらに「次元」には、（X軸、Y軸、Z軸といった）変数が固定か変動か、評価指標が固定か変動か、という違いがあります。

変数や評価指標が決まった中で、そのような変数や評価指標を最適化するのが得意なアリと、新しい変数や評価指標そのものを見いだすのが得意なキリギリスの発想の違いは、広く「自由」や「自由度」に対する考え方の違いとなって現れ、アリとキリギリスの思考回路や行動パターンを支配することになります。

では実際に、いろいろな状況や場面でどのような違いとなって現れるか、見ていきましょう。

選択肢は与えられるアリ、自分で作り出すキリギリス

アリ「うちの会社の新製品、本当に趣味が悪いよ。デザインも性能もすべてが最悪だね」
キリ「だったら君が自分で考えて提案すればいいじゃない」
アリ「いや、それは僕が考えることじゃないから」
キリ「だって文句があるなら代案を出すべきでしょ」

制約から考えるアリと自由なところから考えるキリギリスの違いはこのような場面でも明確に分かれます。アリにとって人生におけるさまざまな選択肢（就職先、上司、その他の環境）は基本的には「与えられるもの」ですが、キリギリスにとって

は「自分で作り出すもの」です。

アリにとっての環境は「誰か専門家が考えるもの」であり、よもや自分で考えるものではありません。だからそれらに不満がある場合には、その不満が「愚痴」という形で吐き出されます。愚痴とは「行き場のない不満」の排出です。アリに愚痴が多いのは、すべてが制約された中で生きているからです。アリはすべてのことを「自分の力で変えられるわけがない」と思っているのです。

キリギリスは不満を持つと、その不満を解消する方法へと関心が向かいます。もともと制約がなく自由に生きているキリギリスは、「自らの世界では自らがすべてをコントロールできる」と考えています。一方で、自分にコントロールできないことについて思い悩んでも時間の無駄だと考えます。だからキリギリスには、愚痴がありません。

制約のある二次元で生きているのか、自由な三次元で生きているのか、という根本的な違いが、アリとキリギリスの思考回路に決定的な違いをもたらしています。「すべては与えられたもの」が前提のアリにとっては、うまくいかなかったことも大抵はその環境を作った「誰か別の人」が原因だと考えます。うまくいかないことの責任も、「環境」や「会社」のせいであると考えます。

キリギリスは自分で何かできると思っていますし、「自分でコントロールできること」に目を向けていますから、例えば「ブラック企業」という言葉を聞いてもその意味がわかりません。「そんなに嫌ならなぜ別の会社を探さないのか」と考えるからです。「文句を言うなら代案を出せ」はキリギリスの口癖です。でもアリに言わせれば、「それは自分の仕事ではない」のです。

このような「選択肢」に対する考え方は「平等」や「公平」に対するスタンスの違いにも現れます。「すべてが与えられる」と思っているアリは、与えられた結果が全員同一であることを平等だと思いますが、すべて自ら選択肢を作り出そうというキリギリスは、すべての人に同じ自由や機会が与えられることを平等だと考えます。

「結果の平等」を重んじるアリと「機会の平等」を重んじるキリギリスの価値観の違いです。世の「平等」に関する議論もこの前提の違いを曖昧《あいまい》にしたままで行われることが多いので、いつまでたっても平行線です。

「責任と権限」に関する考え方もアリとキリギリスでは異なります。権限とは基本的に制限付きのものが外から与えられるものだと思っているアリにとっては、自分の責任は有限のもので、あるところから先は他人や環境の責任であるというスタンスであるのに対して、すべて権限（＝自由度）は自らが持っていると考えているキリギリスは、すべて自分の責任であると考えます。

「有限責任で他責」のアリと「無限責任で自責」のキリギリスという違いといえるでしょう。

アドバイスを求めるアリ、意見を求めるキリギリス

アリ「この前サッカーの◯◯選手の講演を聞きに行って、最後の質問のときに『何かアドバイス下さい』って言ったら、『いや、特にアドバイスなんてないですよ』だって。意外にああいう人って、冷たいんだね」
キリ「◯◯選手の気持ち、わかる気がするなあ。質問がイマイチな気がする」
アリ「どういうこと？」
キリ「どうすればいいかなんて、それぞれじゃない？　事情のわからない他人がどうすべきなんて、言えるほうがおかしいよ」

思考の自由度や抽象度（後述）の違いは、「助言」に対する姿勢にも現れます。アリは他人に対して「アドバイス」を求めますが、キリギリスは求めないどころか、アドバイスするのもされるのも好きではありません。その代わりにキリギリスは「自分の意見」を言い、他人に対しても「その人の意見」を聞きたがります。

では、「アドバイス」と「意見」の違いは何でしょうか？

ここでの定義は、アドバイスというのは、他人に対して「あなたは○○すべきである」という、相手の行動までを規定するものです。対して「意見」というのは、「自分ならこうする」という自分なりの意思表明のみで、相手がどうすべきかまでは含んでいないものです。

「具体的な正解」を求めるアリは「すぐに実行できるような指示」を欲します。「言われればその通りにやりますから、どうぞ命令して下さい」というわけです。アリに対して「僕はこう思いますよ」という「意見」を言っても、「で、私はどうすればいいんでしょう？」となります。

キリギリスは、他者の「意見」は素直に聞くものの、自分がどうすべきかは自分が決めるものだと思っています。だから「あなたは○○すべき（したほうがいい）」という「アドバイス」は、はっきり言って「大きなお世話」なのです。

たとえ相手がどんなに有名な専門家だろうと偉人だろうと、関係ありません。自分の価値観や現在の状況を一番わかっているのは自分なのに、それを頭ごなしに「こうすべきだ」と言われても、何の役にも立たないとキリギリスは思っています。

ナンバーワン志向のアリ、オンリーワン志向のキリギリス

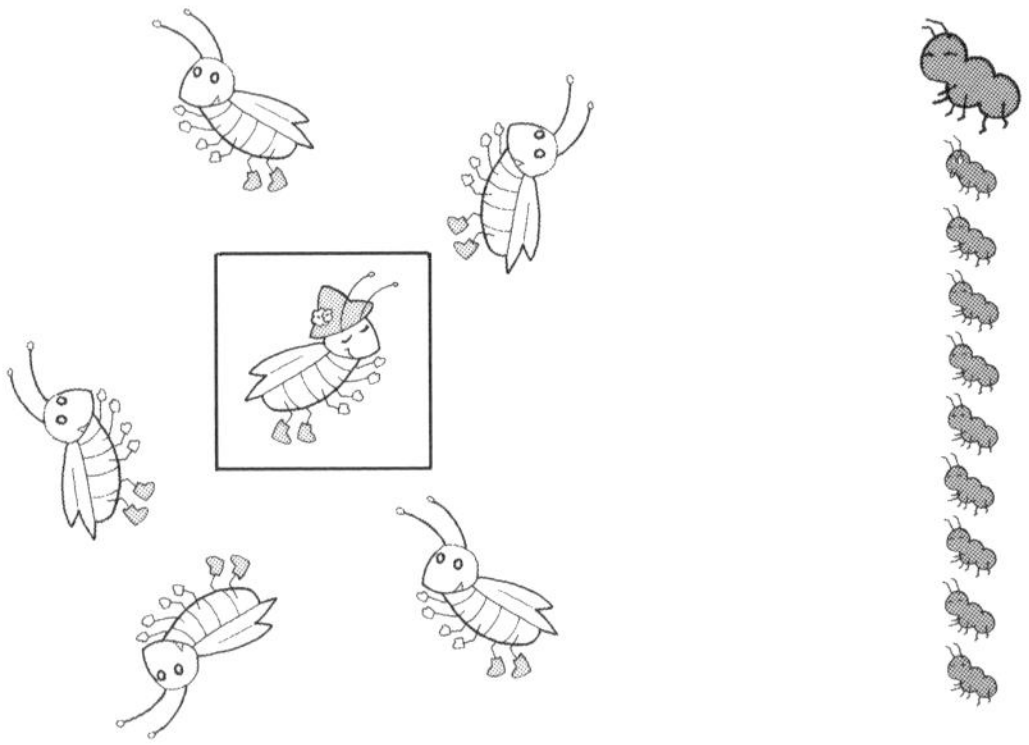

アリ「聞いてよ。この前の人事異動で、同期の中で最初に主任になったんだ」
キリ「それはおめでとう。でもいつも競争で大変だよね」
アリ「まあね、でもある意味それがやる気の源だからね」
キリ「そうなんだ。僕とはちょっと価値観が違うみたいだね」

　変数が決まっているアリと変数が決まっていないキリギリスの違いは、「ナンバーワン志向」と「オンリーワン志向」の違いとなって現れます。

　アリは変数、つまり評価指標が決まると、ひたすらその数値

を最適にすることに全力を注ぎます。そこでは「スピード争い」や「点数争い」といった形での競争が生まれます。アリが意識するのは巣の中にいる他の構成員です。それらの横並びから一歩前に出るために、他者と比較する指標をいくつかピックアップして固定化させ、競争意識を持つことでパフォーマンスを上げようというのがアリの思考回路です。

他者と自分をシンプルに比較できるような指標を持つことがアリにとって望ましいので、それは数値化されます。ビジネスでいえば、その指標は最もわかりやすくシンプルな「お金」ということになります。だからアリは「お金」に執着します。年収、貯蓄額が他者より大きくなることが人生の目標にもなり得ます。

キリギリスは、他者と比較できない独自の変数を探すことで、いかにして「競争しない」ようにするかを意識しています。他人と同じ変数を持った途端に競争に突入しますから、新しい変数を探しつづけることが重要なのです。

新しい製品の開発をする際にも、アリがまず考えるのは競合他社との比較表を作ってその中で秀でることですが、キリギリスはそもそも比較表を作れる時点で負けだと考えます。比較表があったら、そこに新しい項目を追加して、他者（社）にその欄を埋められないようにすることをいつも考えているのです。

具体を好むアリ、抽象を好むキリギリス

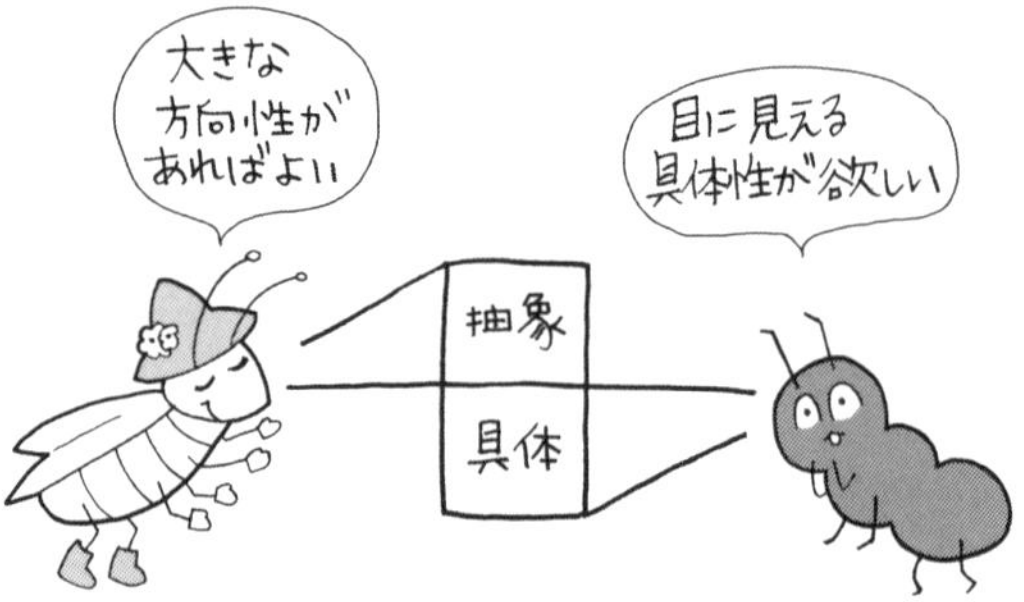

アリ「今度の上司、いつも指示が具体的で本当に仕事がやりやすいよ」
キリ「へえ、そうなんだ。僕なんか逆に指示が具体的すぎるとやる気なくしちゃうけどなあ」
アリ「どうして？　具体的じゃないってことは指示が曖昧《あいまい》ってことでしょ？」
キリ「そこがいいんだよ。それって解釈の自由度が大きいから自分で好きなように考えられるってことだよね。僕はもっと大きな方向性やコンセプトを示してほしいけどな」

アリは具体的な指示や説明を求めます。仕事の指示にしても、どんな資料が欲しいからどういう構成にして、どういう情報を参照して、どういう見栄えの出来上がりにしてほしいと明確に指示すれば、それを完璧に仕上げてきます。

その半面、抽象的な指示、例えば「夢のある提案をしよう」とか、「今までなかったような仕事のやり方を考えよう」といったものだと何をどうすればいいかわからずに、大きなストレスを抱え込むことになります。

キリギリスは、指示があまりにも具体的だとやる気をなくします。仕事の指示においても「自由度が高い」ことがキリギリスのやる気を引き出すのに必要なことだからです。自由度が高いということは、自分なりに考えて自分なりの工夫ができる余地が大きいということです。「誰でもすぐに同じように動ける」具体的な指示なら、ロボットにやらせたほうがいいとキリギリスは考えます。

こうして、アリとキリギリスの自由度に関する正反対な志向性は、「具体と抽象」への志向性の違いとなって現れます。

「いかに並ぶか」のアリ、「いかに並ばないか」のキリギリス

アリ「先週の土曜日のお昼に、最近できた評判のラーメン屋に並んだんだけどね。覚悟して十一時前から並んだのに、なんと一時間半待ちだったよ」

キリ「よく並ぶなあ。僕なんか十分でも並ぶのに耐えられないけどね」

アリ「そりゃ僕だって並びたくて並んだんじゃないよ。仕方がないよ、人気店だから」

キリ「僕も食べてみたいけど、何か別の方法はないかなあ」

キリギリスは並ぶのが嫌いです。アリも好きで並んでいるわ

けじゃないという声も聞こえてきそうですが、キリギリスはありとあらゆる手段を使って並ばない方法を考えるのです。「楽をするためなら徹夜もいとわない」のがキリギリスのスタンスです。それがイノベーションの発想へとつながっていきます。人と同じことをやらずに「土俵を替えて有利な戦いに持ち込む」のがキリギリスの戦法です。

かたやアリは与えられた土俵の中でうまく戦うことをミッションとしており、「その戦場は自らは替えられない」が大前提です。

「与えられた問題を解く」のがアリのミッションで、「問題そのものを定義しなおして自分の得意な領域に持ち込んでしまう」のがキリギリスです。アリはどんな場面に遭遇しても、与えられた問題を疑うことなく最適な方法で解決することを考えるのに対して、キリギリスは「それは本当に解決するのに値する問題なのか？」を最初に考えます。いつでも「ちゃぶ台をひっくり返す」覚悟があるのがキリギリスともいえます。

負けるとわかっているゲームでも「一生懸命に努力して」なんとか頑張るのがアリの美徳ですが、キリギリスはルールを変えてでも「勝てるゲーム」にできないかを考えます。アリはそれを『ずるい』と感じますが、キリギリスにとってはこれこそが勝負どころなのです。

「何も決まっていない」のが不快なアリ、愉快なキリギリス

アリ「今度の新しい部署って本当にストレスがたまるよ。まだできたばっかりっていうのもあるんだけど、基本的な仕事のやり方もほとんど決まっていないんだよね。だから全部自分で考えなきゃいけなくて」
キリ「へえ、楽しそう」
アリ「何言ってるの！　仕組みやルールを早く会社が決めておくべきでしょ？」
キリ「だって、それが君の仕事なんじゃないの？」

ここでも「自由度」に関するアリとキリギリスの考え方の相

違が現れています。キリギリスは「自由度が高い」状態を楽しみます。「何も決まっていない」ということは自由度が高いことを意味しますから、これはまさにキリギリスの出番ということになります。

アリは何も決まっていない状態を不快と感じます。仕組みやルールなどはすべて「用意されている」べきものであって、自分でそれを作るなどというのは完全に「想定外」です。

「何も決まっていない」ことをポジティブと捉《とら》えるキリギリス、ネガティブと捉えるアリ、ここでも両者は百八十度違うほうを向いています。このことは「混沌《こんとん》と秩序」に関する両者の姿勢の違いに現れます。キリギリスの部屋は散らかっているし、手書きの字もノートも汚いのが通例です。やることに一貫性もないので、後戻りも多く、やることなすことが混沌の連続です。

アリの部屋は整理整頓されており、ノートもきれいな字がきれいに並んでいます。このような違いは後述する「川上志向か川下志向か」の違いにも現れています。

面倒見を歓迎するアリ、面倒見は面倒なキリギリス

アリ「今度の会社、上司もすごく面倒見が良くて快適なんだ」
キリ「そいつは、ご愁傷様《しゅうしょうさま》」
アリ「どういうこと？」
キリ「上司があれこれ言ってくるってことでしょ？　僕は耐えられないや」

自由に対する考え方が百八十度違うアリとキリギリスは「面倒を見てもらう」ことに対する受け取り方がまったく違います。「面倒見の良い会社」「面倒見の良い上司」「面倒見の良い学校」……これらはすべてアリにとっては歓迎すべきもので

す。具体的には福利厚生制度や教育制度が充実している会社、「なんでも懇切丁寧に教えてくれる」上司、「手取り足取り親切に」指導をしてくれる学校は、アリにとってみればこの上なく頼りがいのある存在に映るでしょう。

キリギリスは逆に考えます。「面倒見」はまさに「面倒なこと」以外の何物でもないのです。「いちいち言われなくても自分で決めて実行するから放っておいてくれ」というのがキリギリスの基本的な態度です。

これについては、さまざまな教育の場において考慮しておく必要があります。「懇切丁寧」が良いかどうかという議論がありますが、それはまさにケースバイケースです。「面倒見の良い」環境は「優秀なアリ」を育てるには絶好の場ですが、知らず知らずのうちにキリギリスのモチベーションを奪っていきます。アリの「親切」はキリギリスには「大きなお世話」なのです。

対象となる相手がアリなのかキリギリスなのか、あるいはアリを育てたいのかキリギリスの力を伸ばしたいのか。その前提のない議論は意味がないといえるでしょう。

第 5 章

川下と川上

決定論のアリ、
確率論のキリギリス

ここまで見てきたように、アリとキリギリスでは思考回路が大きく異なるため、価値観や行動パターンが百八十度違ってきます。そのため、「生きやすい場所」や「住みたい場所」も異なります。

本章では、社会の構造や時間の経過、それらと集団・個人の関係を整理しながら、「生きる場所」「生きる時代」の違いとそこから導かれる生き方や考え方の違いをまとめてみたいと思います。

本章で使うのは「川上と川下」という概念です。

次ページの図は、大きな時の流れの中での集団や個人の「誕生から死」という「一生」と、それらの世代交代をイメージで表現したものです。集団でも個人でもどこかのタイミングで生まれて、ある年月を経た後に終焉《しゅうえん》を迎え、そしてまた次の世代が生まれてくるという流れです。

ここでは国家や会社などの集団や個人を、一般化して「系」（システム）として表現しています。ポイントはどの系もその中での変化は不可逆的、つまり一方通行で起こり、後戻りはできません。そしてその中には、川の流れが上流から下流に進んでいくように「川上」と「川下」があるということです。

川上から川下へ行くにしたがい、その系の特性やそこで求められる人材も不可逆的に変化していきます。これは一つの会社や組織、あるいは個人の変化と

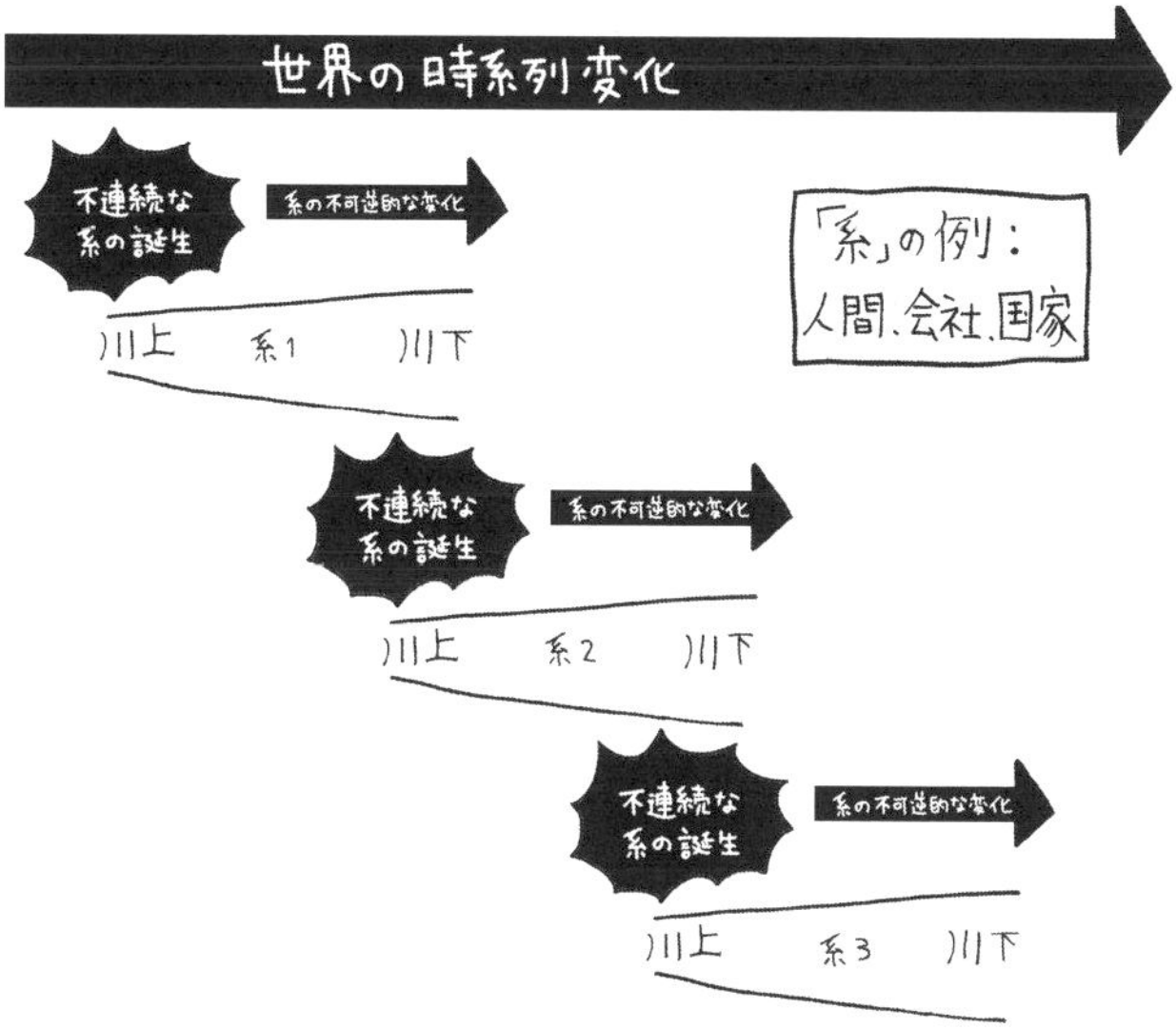

同様に、一つ一つのプロジェクト（建築やイベント開催など）や仕事そのもの（会議の開催や見積書の作成など）においても、「川上」と「川下」で同様の共通した不可逆的な変化が見られます。

次に、どんな「不可逆的な変化」があるのか、具体的に見ていきましょう。

建物の建築に関する川上から川下への流れを考えれば、簡単に理解できるでしょう。更地を見てそこからコンセプトを考えるのは通常「一人の」建築家です。それが具体化されて設計図になり、さらに施工段階になれば多くの施工業者が加わるようになり、かつピラミッド型の階層構造のプロジェクトとなって関与人数も飛躍的に増加していきます。

川上から川下に行くにしたがって、仕事やそれを実行する集団や組織の特性も次のように変化していきます。

まず、川上はひとことで言うと「まだ何も決まっていない」ので、不確実性が高く混沌とした状態です。川下に進んでいくにしたがって、不確実性が下がり、秩序立ったものに変わっていきます。川下では系統的に計画を立てることが可能ですが、川上は「やってみなければわからない」という世界です。

したがって、川上では仕事の境界も不明確なために分業することは困難ですが、川下に行くにしたがって、境界が明確になり、分業も進んでいきます。仕事でいえば、川上型の仕事は「作る人」と「売る人」は兼任であることが多いですが、川下に行けば行くほど「生産」と「営業」は明確に分かれていきます。

川上はまだ「何もない状態」ですが、川下に行くにしたがってヒト・モノ・カネや知識など、さまざまなものが蓄積されていきます。したがって川下では「量」が大事になりますが、川上では「質」のほうが重要です。

問題を解決するのに必要な「変数」を決定するのが川上ですから、川上の評価指標は決まっていないのに対して、川下では評価指標が決まります。特に多種多様な人たちが大量に関与する最下流の領域ではわかりやすい共通指標として「お金」や「時間」の重要性が上がります。

また川上の仕事は実施する人間の個性が大きく出る「属人的」なものである

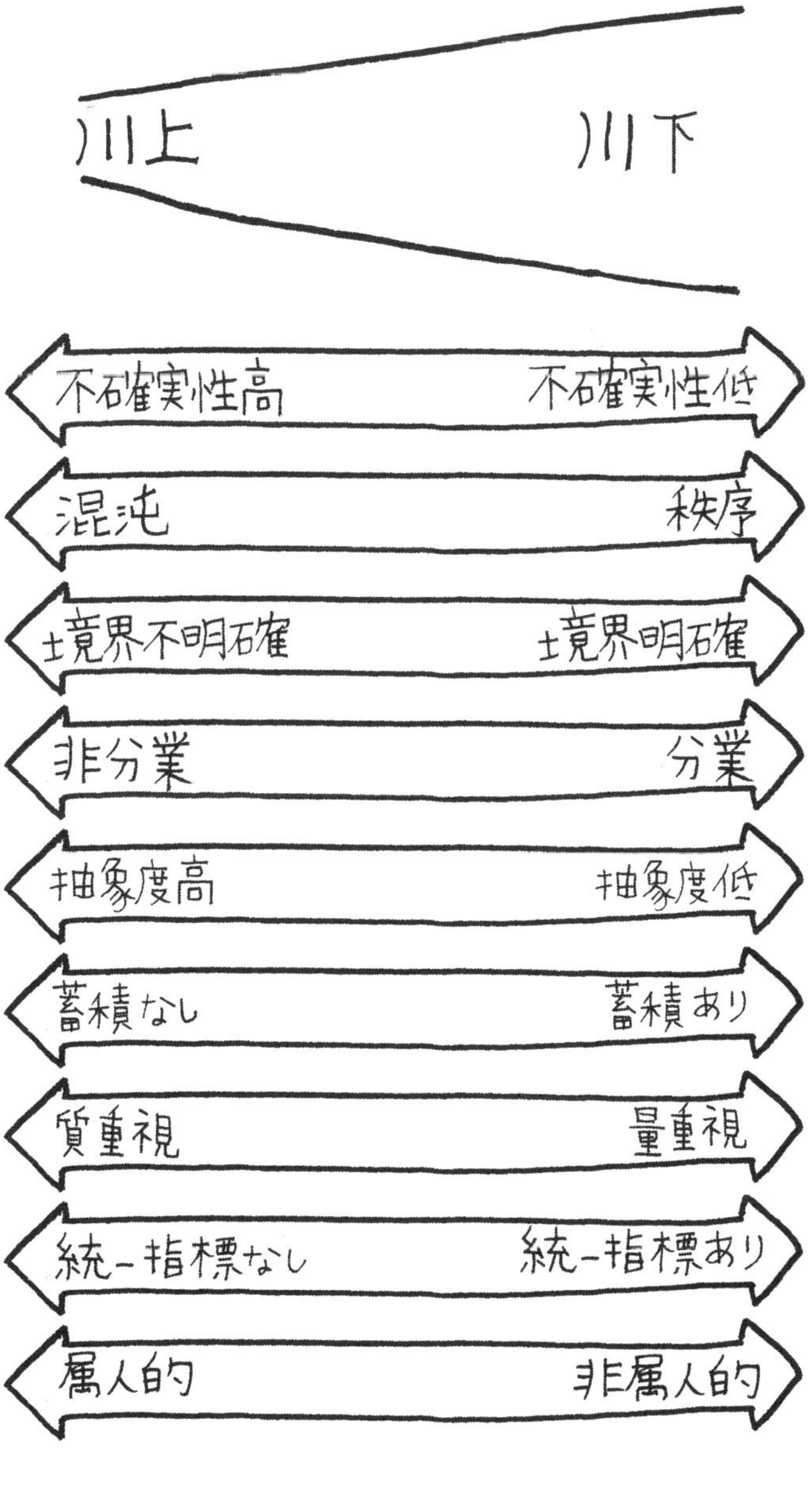
川上
川下
不確実性高
不確実性低
混沌
秩序
境界不明確
境界明確
非分業
分業
抽象度高
抽象度低
蓄積なし
蓄積あり
質重視
量重視
統一指標なし
統一指標あり
属人的
非属人的

のに対して、川下の仕事は標準化、マニュアル化が進んでいきます。

こうした川上と川下の違いは、仕事（個別の問題解決）においてだけでなく、組織や社会にも同様のことが当てはまります。

このような違いを背景として、川上と川下に求められる人材の価値観やスキルも変化します（次ページの図）。

まず不確実性の高い川上で求められるのが「やってみなければわからない」確率論的な考え方であるのに対して、因果関係が確実になっていく川下では「データと論理」から結論が導ける決定論の考え方が重要になります。

また、量的にも質的にも「個人」の重要性が高いのが川上で、「組織」の重要性が高まるのが川下です。必要とされるスキルも川上は創造であり、そのための抽象的思考であるのに対して、川下では組織を運用するための管理やコミュニケーション能力であり、より具体的な行動になります。

蓄積がない川上では「白紙に線を引く」想像力と創造力が重要になるのに対して、蓄積が大きい川下では知識や経験が重要になります。

組織が大きくなっていく川下では上意下達《じょういかたつ》の徹底のために受動的で従順な人が多数必要ですが、川上では能動的かつ建設的批判のできる人が必須です。

評価指標としても川上では指標化するのが難しい「創造性」であるのに対して、川下に行けば行くほど指標化が容易なものになり、「時間とお金」が主役

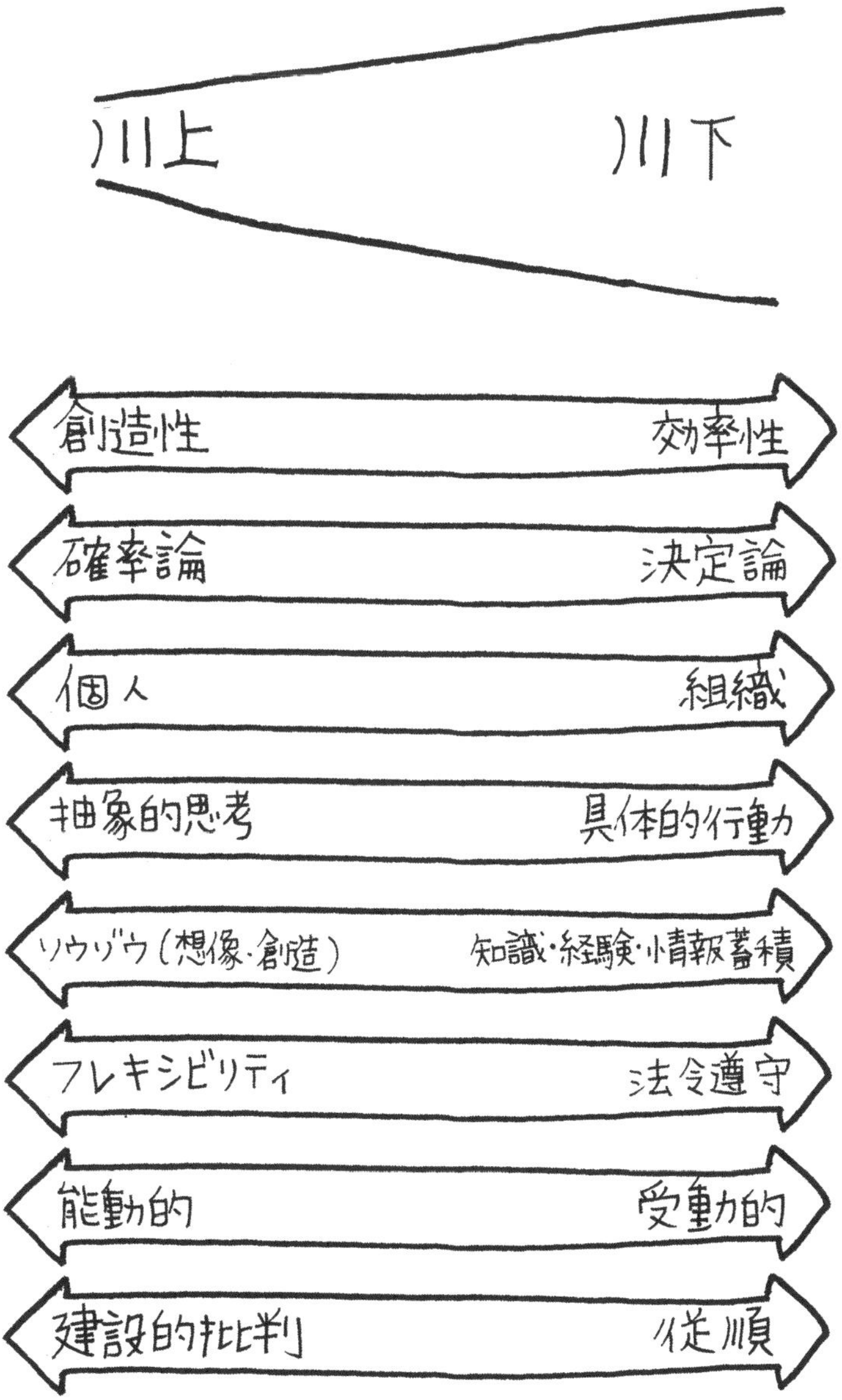
川上
川下
創造性
効率性
確率論
決定論
個人
組織
抽象的思考
具体的行動
ソウゾウ（想像・創造）
知識・経験・情報蓄積
フレキシビリティ
法令遵守
能動的
受動的
建設的批判
従順

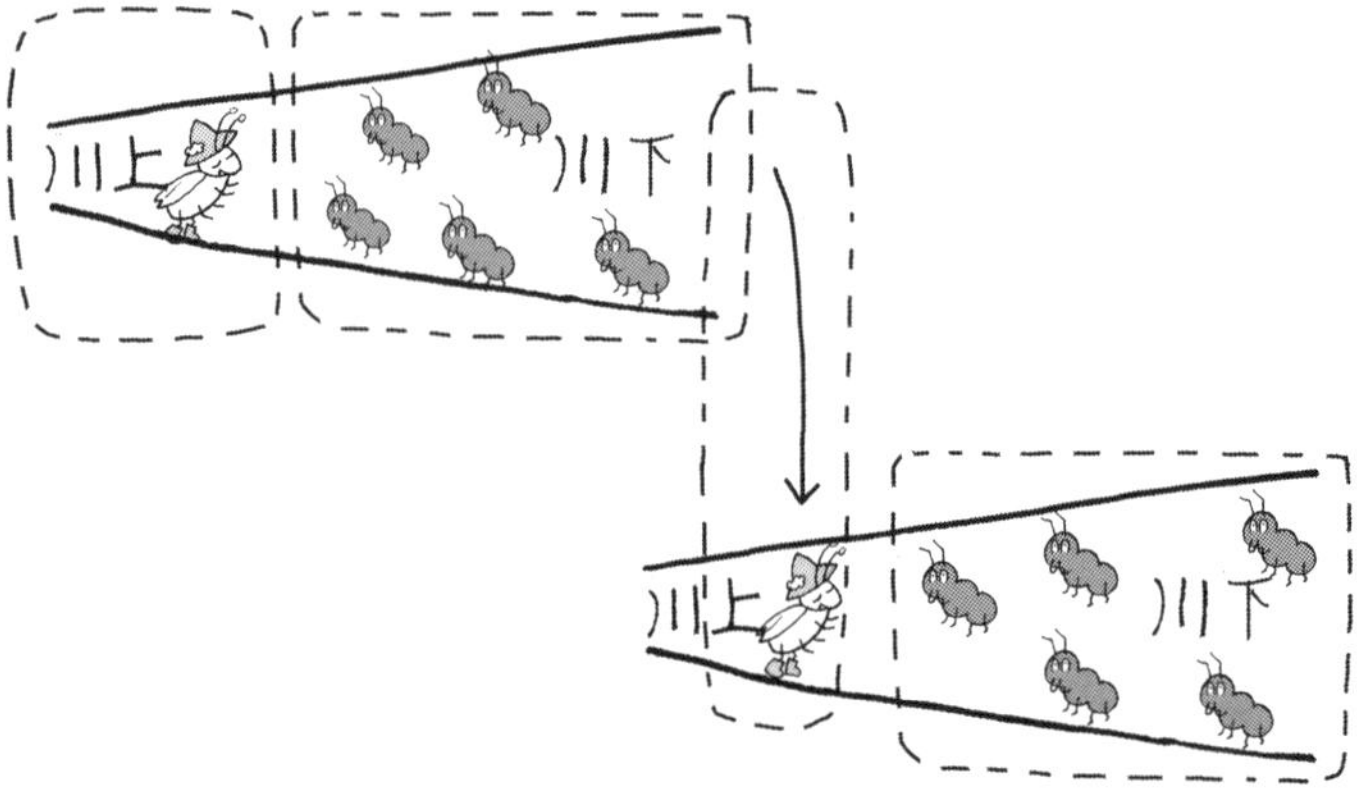

の「効率性」が重要になります。

川上と川下の性質の違いを考えると、必然的にアリとキリギリスの適切な「生息場所」が決まってきます。

キリギリスは川上の仕事、あるいはその川の流れそのものを新しくスタートさせる場面に向いています。未踏の地に第一歩を踏み出して、後続のアリのためにある程度の「地ならし」までをする役回りです。これに対してアリは、ある程度までキリギリスが切り開いた土地をさらに整備して収穫につなげていく段階で力を発揮します。

川上から川下へ向かっていくにしたがって、「必要人数」が増えていくため、川下側のアリは圧倒的な多数派になっていきます。このことが、世の中の構造や現象に大きく関係することになります。

では、この章でも、アリとキリギリスの思考回路の違いを例示していくことにします。

バラつきが不快なアリ、バラつきを面白がるキリギリス

「標準化」して
バラつかないようにしなきゃ
バラツキ
バラつくから
個性なんでしょ？

アリ「最近研修プログラムが変わってアクティブ・ラーニングっていうのが中心になったんだけど、毎回の感想がバラつくのが悩みなんだよね」
キリ「バラつくことの何が問題なの？」
アリ「当然じゃない。仕事っていつ誰がどんなふうにやっても同じように良い結果が出るのが理想でしょ？」
キリ「そんなのつまらない。ロボットがやればいいんだよ」

かつて日本企業は製造品質の高さで世界を席巻《せっけん》しました。つまり基本原理やデザインという川上ではなく川下で勝負し、世

界一の品質を作り上げたのです。ここで重要だったのは、「いかに製品の品質のバラつきを少なくするか」であり、特に製造業の工場などでは「バラつきは悪である」が価値観の前提となっていました。

ホワイトカラーの世界でも、属人的（個人に依存する）な仕事を極力排して標準化を徹底的に進めることが善とされました。会社も学校も「川下の最適化」に一丸となって取り組み、「世界で唯一成功した社会主義国家」とも評された画一的な社会を作り上げることに成功したのです。

ところがこのような効率性やコストといった「川下での勝負」は次第に新興国の追い上げにあい、日本の優位性が保てなくなりました。そこでさまざまな分野で創造性やイノベーションといった形での「川上へのシフト」が求められるようになってきました。

ここで問題になるのが冒頭の会話にあるような「アリとキリギリスの価値観の相違」です。「バラつきは悪である」というアリの価値観は良くも悪くもそう簡単には揺るぎません。ところが創造性が求められる川上の世界では、多様性、個性が必要であり、このような価値観とは真っ向から対立するのです。「多様性を醸成する教育」をするにもバラつきが少ないことを目標とするという笑い話のようなことを真面目に進めてしまうところが、このような価値観の妄信の恐ろしいところです。

データを重んじるアリ、直感を駆使するキリギリス

アリ「新規事業の企画会議に出たんだけど、ひどくて話にならなかったよ。I専務がプレゼン聞いて激怒してたけど、もっともな話だと思ったなあ」

キリ「どうひどかったの？」

アリ「売り上げ予測の根拠になるデータもないし、先行事例の紹介もなくて、それで『とにかくまずはやってみたいです』だからね。問題外だよね」

キリ「どこがおかしいの？　データも事例もないから新規事業なんじゃないの？　やってみなきゃわからないよね」

川上の世界と川下の世界での大きな考え方の違い、それが「確率論か決定論か」です。決定論とは、例えば物理法則のように、特定の条件を与えれば必ず同じ結果が得られるような世界のことです。ボールを高いところから落とせば、その落ち方（スピードや落下地点）はほぼ正確に予想できます。このように明確な因果関係で支配される世界が決定論です。

アリが生きる川下の世界では、意思決定を行うにも決定論の考え方に支配されており、そこに必要なのはデータと論理です。また、一度うまくいったことは再現が可能であるというのが決定論の前提ですから、成功事例や失敗事例といった過去の他者（社）の事例も重要なインプットになります。川下では事例や実績が積み上がっているため、データや事例の情報源にも事欠きません。

ところが不確実性の高い川上に生きるキリギリスの世界は、「やってみなければわからない」という確率論に支配された世界です。したがって投資の意思決定や事業の開始判断などについても、最低限必要な情報は集めるものの、最終的にはやってみて判断するというのが基本的な態度です。

ひたすら歩くことで移動するアリは「連続性」や「つながり」、つまり論理を重視します。時に「ジャンプする」キリギリスは必ずしも論理だけでなく、「論理の飛躍」も恐れず併せて直感を駆使するのです。

このように、意思決定の判断材料はアリとキリギリスの間では決定的に異なりますが、川上の意思決定に川下の論理を持ち込んで、いつまでたっても新しいことが始められないという事態は、さまざまな組織で見られるアリとキリギリスの対立構図です。

「周到な準備をすれば必ず良い結果が出る」とアリが考えるのに対して、キリギリスは「結局はやってみなきゃわからない」と考えるのです。

そもそも、「成功」と「失敗」を完全に分けて考えること自体がアリの発想です。キリギリスにとっては、いずれもチャレンジの過程でしかないのです。

失敗は敗北のアリ、失敗は勲章のキリギリス

アリ「うちの部の先輩のJさん、新しいプロジェクトまた失敗したみたいだよ。これでしばらくチャンスはなくなるかな」
キリ「またチャレンジしたんだ。すごいね」
アリ「でも失敗しちゃったんだから意味ないよ。僕もああならないように気をつけよう」
キリ「じゃあ何もやらないのが一番だよ。失敗したってことは行動を起こしたってことじゃない。僕はJさんを尊敬するよ。少なくとも行動せず失敗もせず評論している人たちよりはね」

前述の確率論と決定論の違いは、「失敗」に対するアリとキ

リギリスの姿勢の違いとなって現れます。挑戦に対する評価について、薩摩藩《さつま》では「男の順序」というものが伝承されていたそうです。その順序とは、

①何かに挑戦し、成功した人
②何かに挑戦し、失敗した人
③自分では挑戦していないが、挑戦する人を手助けした人
④何もしない人
⑤何もしないが、他人の批判だけをする人

というものですが、これはキリギリスの価値観そのものです。

これに対して、川下の組織人たるアリの世界で評価される人の順序は、以下のように、ほぼ真逆になるといってもいいかもしれません。

①何もしないが、他人の批判だけをする人（ただ何もしていない人よりも「賢そう」に見えるから）
②何もしない人（失敗するリスクがまったくないから）
③自分では挑戦していないが、挑戦する人を手助けした人
④何かに挑戦し、失敗した人
⑤何かに挑戦し、成功した人（失敗した人よりも妬《ねた》みを買って足を引っ張られる可能性が高い。また、「キリギリス的」な行動をするアリはいずれアリの巣にはいづらくなり、結果として排斥されて巣の外に出てしまうことが多い）

会議が仕事のアリ、会議以外が仕事のキリギリス

アリ「Ｋ課長のスケジュール帳、ちらっと見せてもらったんだけど、会議がびっしりだよ。やっぱり仕事ができる人っていうのは忙しくて大変だよね」
キリ「そういうの、仕事ができるっていうの？」
アリ「だってそれだけたくさんの人とコミュニケーションしてるってことでしょ？」
キリ「コミュニケーションすることが仕事なんだっけ？」

川上から川下に行くにしたがって、重要なことは「創造」から「コミュニケーションと管理」へと移っていきます。これは、川下に行くにしたがって関与する人の数が増えていくことが大きく影響しています。組織が大きくなればなるほど、仕事に占める「管理とコミュニケーション」の割合が増えていくのです。

「管理とコミュニケーション」の象徴が会議です。なかでも多くの時間を占めるのが「上司への報告のための会議」です。川下の仕事がメインのアリの世界では「ほうれんそう（報告・連絡・相談）」が重要視され、「コミュニケーション能力に優れた人」が採用でも評価されます。「アリの仕事は会議である」といっても過言ではないのです。おまけに一度の会議あたりの人数も、川下に行くにしたがって膨れ上がります。専門分化が進んだ川下の仕事では「部門代表」が多数いるため、何十人も出席する会議も珍しくありません。

そのため、部長クラスともなれば、多くの出席者のスケジュールを押さえるために「定例会議」が数多く設定され、何もしていなくても勝手にスケジュール帳が会議でびっしりと埋まってくるのです。

このような世界にキリギリスが足を踏み入れると悲劇です。創造をミッションとするキリギリスにとっては、報告のための会議は無駄以外の何物でもないからです。「会議が仕事」のアリと「会議以外が仕事」のキリギリスが職場で同居していると、お互いにストレスがたまる一方でしょう。

多人数で知恵をしぼるアリ、一人で考えるキリギリス

アリ「今度社内で発足した委員会、有名な専門家が十人以上も入っているんだって。質・量ともに豪華なメンバーだから結果が期待できるよね」
キリ「時間の無駄だよ」
アリ「どうして？　専門家がそれだけ集まれば、良いアイデアが出ないわけないじゃない」
キリ「人が集まれば集まるほどレベルは下がるでしょ」

会議のような複数の人たちが集まって行うアイデア創出や意思決定において「人数と質」の関係をどう考えるか。ここにお

いてもアリとキリギリスの考え方が百八十度違うのは、「川上と川下」の仕事の性質の違いに起因します。

川上の仕事は抽象度が高く、全体像を一気に作り上げることが求められるので、人数が少なければ少ないほど質が上がります。極論すると「最上流」の仕事は「一人で」やるのがベストです。

これは先述の建築の話を思い出してもらえればよいかと思います。川上の構想作りや意思決定は基本的に「一人で」やることが望ましく、そのためのインプットをする人を含めてもせいぜい数人が限界です。関与する人数が増えれば増えるほど尖《とが》った特徴的なものが丸くなり、コンセプトが曖昧《あいまい》になった凡庸なものへと質が下がっていくのが通例です。

これに対して川下の仕事では、分化された専門家を集めたり、さまざまな関係者を集めたりすることが必要なために必然的に多くの人が集まらないと意思決定ができなくなります。いわゆる「衆知を集める」という集合知が有効になるのもこのような川下の仕事です。

このように、「人が集まれば集まるほど凡庸な結果が出てくる」と考えるのがキリギリスで、「人が集まれば集まるほど良い結果が出てくる」と考えるのがアリです。

悲観的なアリ、楽観的なキリギリス

アリ「うちの会社、社内公用語を英語にしようなんていう話があるんだけど、とんでもないよ」
キリ「でもなんか面白そうだよね」
アリ「どこが？　そんなことしたら資料作りにも時間かかるし、思っている意見を自由に言えなくなるし」
キリ「でもチャンスも広がるんじゃない？　すぐに世界を相手にできるようになるってことだから」

アリはまず、アイデアのリスクを見ます。キリギリスからすると、単なる「できない理由探し」に映りますが、川下の仕事の多くは「八十点のものを百点にすること」なので、「足りない二十点」をつぶせばよいという発想が染みついています。そのためアリは真っ先にリスクに目を向けることになります。そして仕上げの段階では、実施上のリスクや「できない理由」をリストアップし、それを解決することで最終的にうまく実行につなげることが重要です。

アイデアが不確かな川上でその思考回路を持ってくると、まだ「二十点」の状態ですから、できない理由やリスクを挙げれば山のように出てきて、ほとんどのアイデアは「やらないほうがよい」という結論になります。

このような状況では、キリギリス的思考回路で、二十点から広がるチャンスに目を向けることでしか、前進がありません。

川上で求められる思考回路と川下で求められる思考回路はまったく逆です。「無茶で非現実的なことばかり言う」キリギリスと「できない理由を連発する」アリの対立構図もさまざまな場面で見られますが、自分の立場や価値観しか頭にない状態でいくら議論をしても前向きな結果につながることはありません。

第6章

アリとキリギリスの共存は可能か

アリのミッション、キリギリスのミッション

ここまでアリとキリギリスの思考回路の相違と、各々がなぜそういう思考回路になるかについて考察してきました。どちらが正しいか間違っているかということではなく、置かれた環境や与えられたミッションによって活躍できる場面が異なっているのです。

最終章では、どのようにすればアリとキリギリスがうまく共存し、お互いの長所を生かしながらよりよい世界を作っていけるかを考えてみましょう。

第1章で述べたように、「問題発見のキリギリスと問題解決のアリ」という構図を考慮すると　どのように役割分担をすればお互いを補完し合えるかが必然的に見えてきます。それをまとめたのが次ページの図です。

このような役割分担が成り立てば、お互いの長所を生かすことができるのですが、現実には簡単なことではありません。第一に、これまで示してきたようなお互いの思考回路や行動パターンの違い、それを生じさせている根底にある価値観の違いを認識し、さらには受け入れることが必要です。

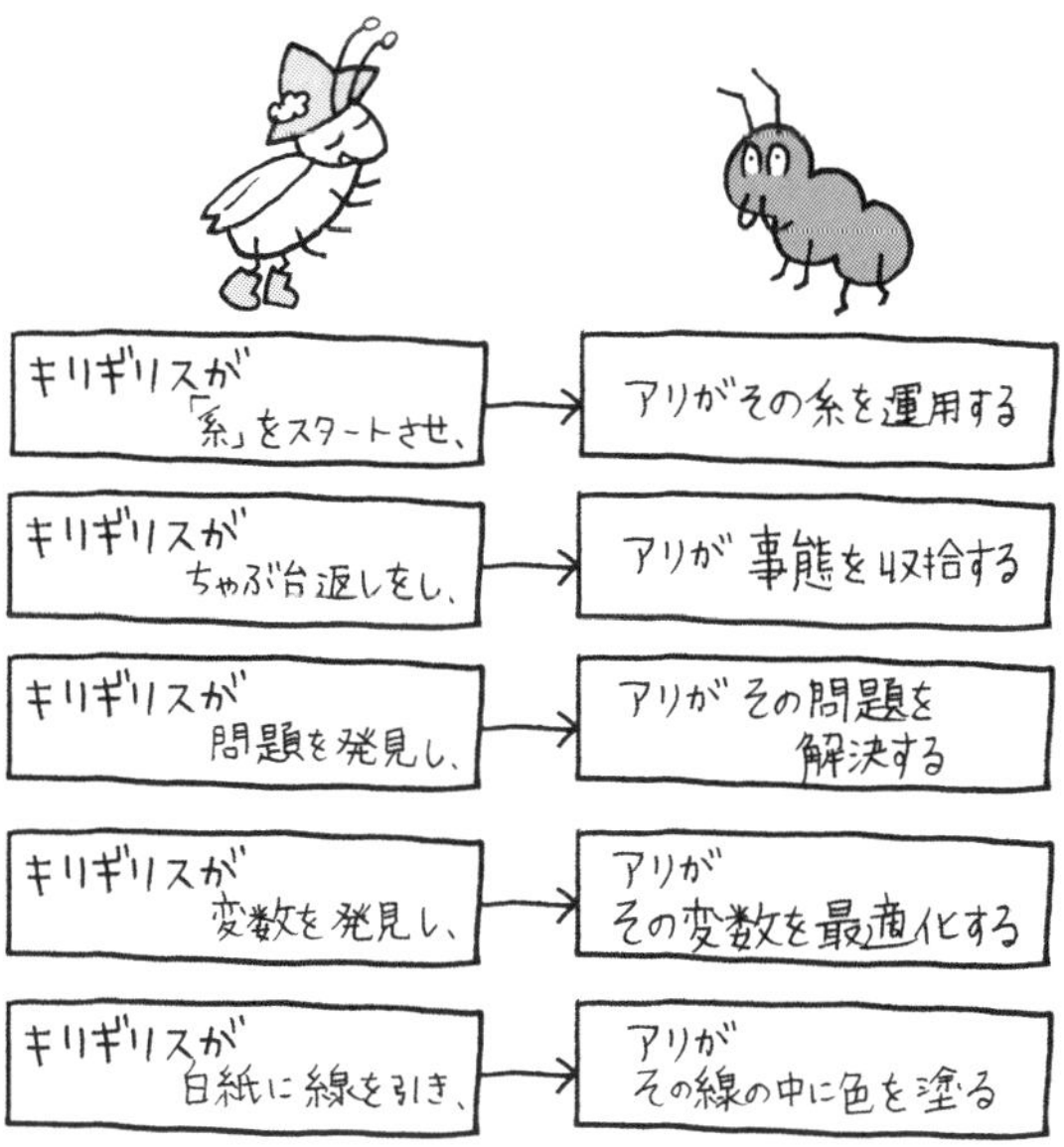

キリギリスが「系」をスタートさせ、
アリがその系を運用する
キリギリスがちゃぶ台返しをし、
アリが事態を収拾する
キリギリスが問題を発見し、
アリがその問題を解決する
キリギリスが変数を発見し、
アリがその変数を最適化する
キリギリスが白紙に線を引き、
アリがその線の中に色を塗る

・世の中を変える
・個人を楽しくする
・ニッチに応える
・規則を見直す
・「ないもの」を見つける
・世の中を動かす
・大組織を動かす
・全員に配慮する
・規則を守らせる
・「あるもの」を守る

それができれば、補完し合う役割分担ができたも同然なのですが、この「認識する」ということが、意外に難しいのです。それはなぜなのか。その対立の構図とわかり合えない理由について、考えてみます。

アリの巣では跳べないキリギリス

アリとキリギリスの対立は、人類の歴史とともにあるといってもいいくらいに、さまざまな時代のさまざまな組織や集団において繰り返されてきました。

その典型的な例が、キリギリスがアリの集団の中で排斥されるという構図です。ここまでさまざまな切り口から解説してきたように、「組織の論理」や「多数派の論理」というのはことごとくキリギリスの思考回路と反します。したがって、キリギリスは常にアリたちから「変わり者」として排斥されつづけてきたのです。

ビジネスの世界でよくあるのは、「巨大なアリの巣」といえる伝統的な大企業において新規事業担当者が受ける「不当な」扱いです。アリもいつまでも同じような仕事を続けているだけでは先細りであると感じて、変革を起こすためにキリギリスが必要であると考えるのですが、これを「アリの論理」で扱おうとするために、キリギリスはまったく力を発揮できないばかりか、アリの巣の中で「討ち死に」するか、結局はアリの巣を出ていってしまうのです。

例えば前述したように、「新規事業を提案しろ」と言っておきながら、提案に対して「データで根拠を示せ」とか「前例を示せ」というアリの論理でキリギリスのモチベーションをくじいていきます。「新規事業」なのに「過去のデータや事例」を参考に意思決定しようとする笑い話のような矛盾にアリ自身は気づくことができないのです。

　ところが、「ヒト・モノ・カネ」が集中しているのがアリの世界なので、キリギリスは自分たちだけで話を先に進めることもできずに、結局「討ち死に」するという悲劇が起こるのです。

　人材を集めるのに「金と地位」をちらつかせるというのも「アリの論理」で、キリギリスを動かそうとしてもそうはいかないという失敗例の一つです。新しい変化を起こすキリギリスはアリの価値観である「金と地位」には興味を示さないからです。

アリからはキリギリスが見えない？

アリとキリギリスがわかり合えない最大の理由は、両者の存在が「非対称」であるからです。つまり、「キリギリスからアリは見えるが、アリからキリギリスは見えない」ということです。正確にいえば、アリから見えるのはキリギリスの「ほんの一部分だけ」です。

このようなアリとキリギリスの関係を模式的に表すと次ページの図のようになります。

アリが生息している「二次元空間」は端的にいえば平面のことです。そうはいってもアリにも厚みを持った肉体が存在していることから、ここでは二次元を「二枚のマジックミラーに挟まれた空間」として表現しています。このマジックミラーですが、アリの生活空間側から外側を見ることはできません。つまり、（キリギリスが存在する）上側のマジックミラーは、上から下は見えるが下から上は見えないことになります。下側のマジックミラーはこの逆で、（キリギリスが存在する）下から上は見えるが、アリのいる上から下を見るこ

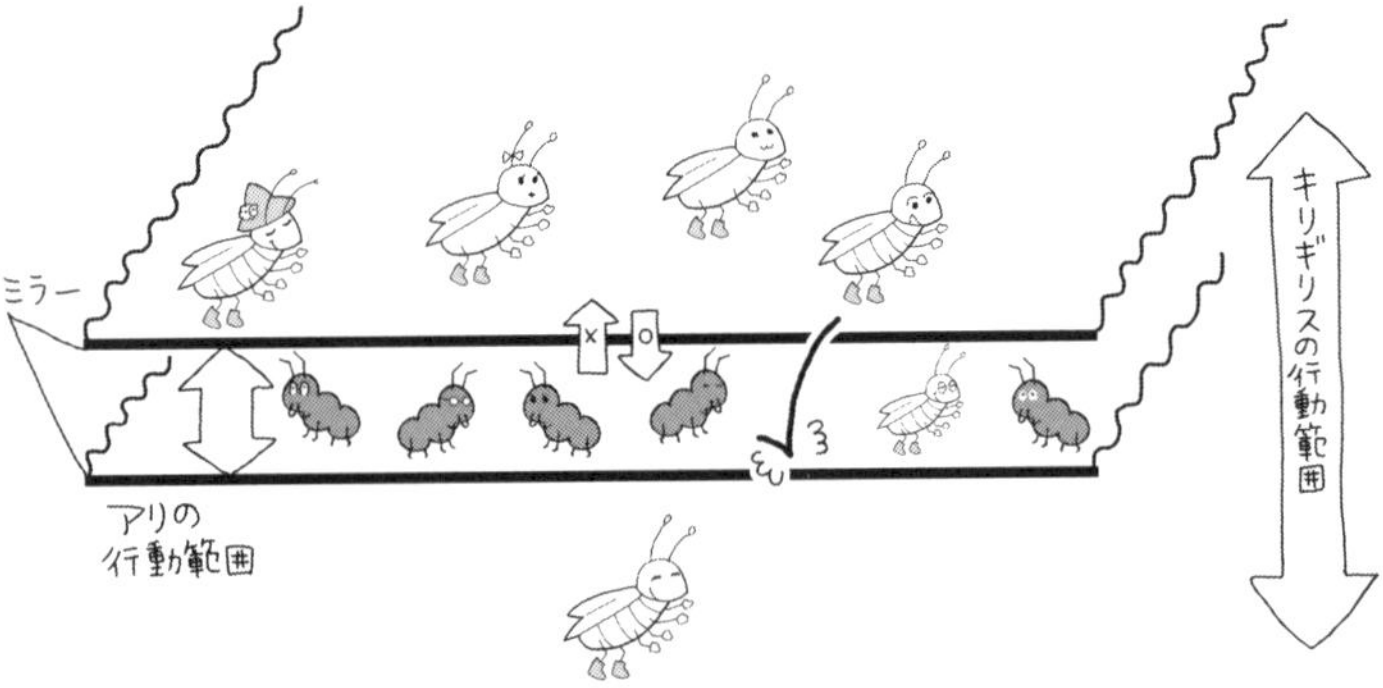

とができません。

アリの目からは、キリギリスのいる三次元空間を見ることはできず、キリギリスの姿を捉《とら》えることができるのは、高さ方向の位置が「マジックミラー板」の間に来たときだけです。つまり、アリからはキリギリスの「ほんの一部」しか見えておらず、突然どこからともなく現れたかと思ったら、突如どこへともなく消えていくという存在です。

このような「二次元と三次元の関係」を「三次元と四次元の関係」に置き換えてみると、「一つ上の次元の世界の住人」がどう見えるかがイメージできます。

三次元空間の住人である一般の人間にとって、四次元空間（というものがあるとして）の住人がどう見えるかについてイマジネーションを働かせてみます。「縦・横・高さ」という三つの次元に加えて「時間」という次元を持った四次元の住人は時間・空間を自由に行き来して、「現在」しか見えていない三次元の住人には（過去や未来から）「突然現れて突如消えていく」存在にしか見えないのですが、実際のところ「彼（女）」は自らが持っている自由度の中で行動しているだ

・なぜそんなに視野が狭いんだろう
・なぜわかってくれないんだろう
・広い世界を見ればいいのに
・思い込みが激しくて頭が固いなあ
・一部の人はすごい
・遊んでばっかりいる
・わかったような顔して偉そうに
・うざい

けです。

行動だけでなく、思考の世界でも同じことが起こります。アリにとってはキリギリスの話は時に論理的でなく（つながっていない）、「飛躍」しているように見えます。ところがそれは実際にはキリギリスが考えている「変数」が見えていないために「話についていけない」だけのこともあるのです。キリギリスにとって自然な考え方でも、アリには「飛び飛び」としか見えません。

キリギリスの立場になってみると、アリの行動範囲と動きは、「上空から」見てみれば手に取るようにわかります。

現実の社会で、アリとキリギリスがお互いをどう見ているのか。それをまとめたのが上の図です。

芸術家など、豊かな才能を持った人たちが

キリギリスであることは認めるものの、基本的にはアリにとってキリギリスは疎《うと》ましい存在です。自己主張が激しく個人主義で集団の秩序は気にしないため、基本的に組織での生活には向いていないからです。

またアリにとって不快なのは、キリギリスが「わかったような顔をして」「(文字通りマジックミラーの)上から目線で」意見を言ってくることです。はっきりいえば、アリにとってはキリギリスは邪魔な存在です。

すべてが見えているキリギリスにとっては、マジックミラーに挟まれた狭い空間に閉じ込められたアリの言動が歯がゆくてたまりません。なぜ広い世界を見ようとしないのか、狭い世界に「甘んじて」いるのか、なぜ文句や愚痴を言っているだけでなくもっと自由に発想して代案を出してこないかなど、「広い世界を見せてあげたい」という気持ちが、アリと付き合えば付き合うほど募ってくるのです。

視界の非対称性が生む対立

アリとキリギリスの「居住空間」の違いを「二次元と三次元の関係」で象徴的に見てきました。これをさらに一般化すると、「次元が固定されている」固定次元のアリと、「次元を自由に追加できる」可変次元のキリギリスということができます。ここでの「次元」とは、「価値観を置く指標」でもあります。例えば「スピード」「年収」「偏差値」といった数字に表せるものや、もっと定性的な「礼儀正しさ」「正確さ」「規則正しさ」といったものです。

「固定次元」というのは、持っている価値観が固定的、かつそれ以外の価値観を認めない、あるいは認識すらしていない状態のことです。さらにそもそもそのような価値観が変えられることすら認識していません。つまり「自分の価値観＝世の中のすべて」だと思っているということです。したがって基本的に自分が持っている価値観を通してしか世の中が見えません。その結果として、アリは同じ巣にいるアリとはまったく同じ景色が見えていますが、「違う巣のアリ」を見る場合には、事情が違ってきます。自分たちと同じ次元（＝変数）の部分は視界に入りますが、それ以外の次元を見ることはできません。相手もまた同様で、「両者が共通で持っている変数」を通してしか自分たちを見ていません。異なる巣のアリ同士は「両者共通の変数（and）」を通してお互いを見ることになるのです。

今度はキリギリス同士がどう見えるかを考えてみましょう。おおむねキリギリスはアリよりも多くの次元（変数）を持っていますが、そのバリエーションもアリより多様であるために、他のキリギリスと共通の次元であることは少なく、自分とは違う次元を持っている可能性が高いといえます。ただしキリギリスは「自分にない次元」の存在に気づいており、それがどんな次元かを理解しようとすることです。要は「自分にない次元があることを常に意識しているかどうか」がアリとキリギリスの違いといえます。

コミュニケーションにおいては、自分と異なる価値観をいきなり否定してかかり「相手がおかしい」と感じるか、「何か自分が理解できないことがあるようだ」という気づきにつなげるかの違いといえます。

このような両者の視界の非対称性が、お互いへの見方や対立構造に大きく影響を与えるのです。

「視野の狭いほうが勝つ」のはなぜか

アリとキリギリスの違いは、さまざまなところで対立を生みます。典型的なのが、ビジネスや政治の世界における革新派と保守派の対立です。この対立は「次元の数」の戦いでもあります。つまり、さまざまな側面から見ている人と限られた視野で物事を見ている人との戦いです。

このような対立では大抵の場合、「次元が低い側が勝つ」（あるいはそのように見える）といったら意外に聞こえるでしょうか？

一般に視野は狭いよりは広いほうがよい、多面的に物事を見たほうが一面的に見るよりはよいといわれています。ところがこれは、一人の人間の中で比べた場合です。

視野の広さの異なる人間同士が戦いに入れば、視野が広いほうが不利になります。それは「気づいていない」ほうが「気づいている」よりも強いからです。つまり、自分が知らない価値観がある、自分が知らないことがあると気づいていれば、相手の意見をひとまず聞こうとしますが、気づいていなければ譲

歩する理由がありません。「思い込みが激しい人」は最強です。

広い視野を持つとは、「自分が間違っているかもしれない」と思うことです。したがって、どちらかが譲らなければならないとき、「自分が間違っているかもしれない」と思っている側、つまりキリギリスのほうが「負けた」ように見えてしまうのです。

「怒っている人」と「怒られている人」とではどちらが「正しそうに」見えるかといえば、「怒っている人」でしょう。でも怒っている人は、相手を認めていない、怒られている人は（たとえ「仕方なく」ではあっても）相手を認めていると考えれば、大抵の場合、怒っているのはアリのほうだとわかります。この関係、「嘲笑《ちょうしょう》している人とされている人」「他責の人と自責の人」「傲慢《ごうまん》な人と謙虚な人」と置き換えても同様です。すべて一見「その場で勝っている」ように思えるのは前者ですが、実は「広い視野で見ている」のは後者のほうなのです。

この構図を本書の「次元」の考え方で表現すると、「二次元 vs 三次元」のように、次元が低い人と高い人との戦いは、大抵の場合は二次元側が勝利を収める」ということです。

なぜかといえば、二次元のアリと三次元のキリギリスが戦う場合の戦場は、（両者が行動できる低いほうに合わせて）「アリの巣の中」にならざるを得ません。ボクシング選手とキックボクシングの選手が「同じ土俵で」戦うとすれば、キックボクシング側がキックを封じる必要がある、という例を考えるとイメージがつきやすいでしょう。

そうなると戦場のイメージは前項で解説したように、「マジックミラー」に挟まれた領域」にキリギリスが閉じ込められてそこでアリと勝負することになります。そうなれば、「飛び道具」を封じられたキリギリスにできることは限られてきます。

力をまったく発揮できないキリギリスがアリに惨敗するのは自明です。

ビジネスの世界でも、しばしばこのような勝敗を見かけます。

問題を解決するためには変数を固定する必要があります。そこで決められた変数を最適化することに集中するのがアリのやり方です。例えば「経費削減」という変数だけを考えている人と「経費削減をしながらも売上拡大をねらう」人とでは、経費削減だけを考えている人のほうが目的を簡単に達成できるでしょう。

何度も触れているように、会社が大きくなると、内部の仕組みが複雑化していくため、分業化を進めて専門分化させていきます。これは「変数を限定させる」ことを意味します。「専門家」を増やしていくということです。各々の領域の目的達成を効率化させるには有効ですが、必ずしも全体の目的達成には有効でない場合も出てきます。ここでも「アリとキリギリスの対立」が起きるのですが、往々にして「部分最適」が進行してしまうのはこのような理由によります。

キリギリスからアリへのバトン

ここまで読んでいただければ、世の中の「対立」のなかに、アリとキリギリスの対立構造が少なからず潜んでいることがおわかりいただけたと思います。この対立をすべて解消することはできませんし、人類の永遠の課題でありつづけるのでしょうが、本書の冒頭で述べたように、キリギリスの活躍が求められるいま、アリだけでは前に進めませんし、また、キリギリスだけでも世の中は成り立ちません（後述）。

互いの違いを認識したうえで上手に役割分担さえできれば、両者の長所を生かしながら共存していくことが可能です。では、対立を避けて補完し合う関係を築くにはどうすればいいのか。私たちが今すぐにできることを考えてみたいと思います。

先述の通り、組織や仕組みなど、一つの「系」の川上部分を立ち上げるのがキリギリスのミッションで、その後軌道に乗ってからその仕組みを動かすのがアリのミッションという関係でした。

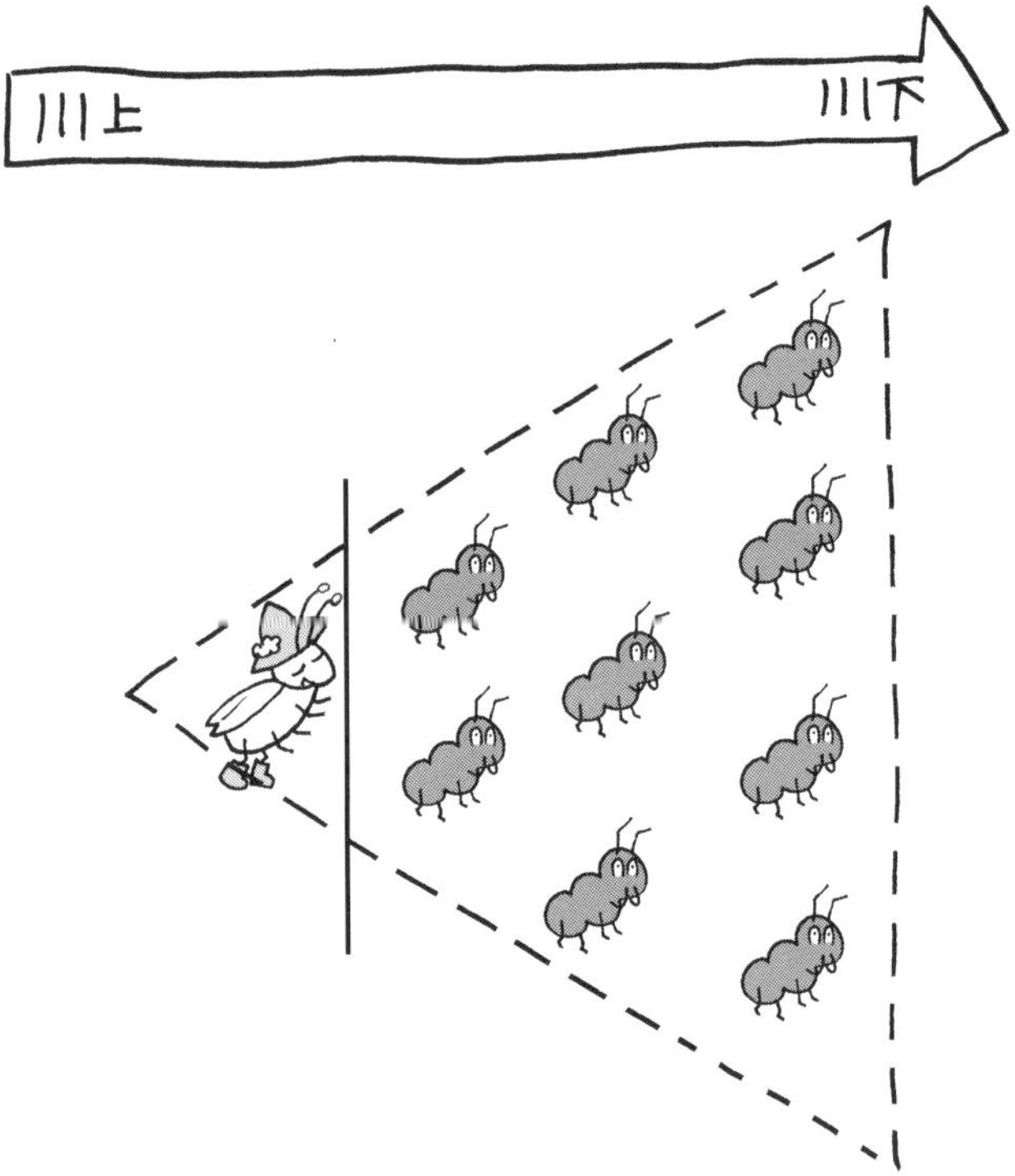

ここで難しいのが、キリギリスからアリへの「バトンの受け渡し」です。

キリギリスはちゃぶ台をひっくり返すのは得意でも、それをうまく片付けるのは得意ではありません。その両方ができて、規模の拡大や仕事の仕組み化に成功する（「女王アリ」に変態する）キリギリスもいますが、ごく少数派です。

ここで最も重要なのは、「川の流れ」全体における特性の違いと各々のフェーズでの必要な価値観やスキルの相違を理解しておくことです。

自分が川上型の思考回路と認識しているキリギリスであれ

ば、例えば起業した会社をさらに大きくするため、近くにアリ型の人材を配置しておくことでうまく移行を図ろうとするはずです。

また、組織の中でプロジェクトを立ち上げたキリギリスからバトンを受けて、その仕組みを最大限生かした製品やサービスを世に送り出していくのはアリ型人材の役割です。

「アリの巣でキリギリスは跳べない」と前述しましたが、バトンの受け渡しで問題になるのがまさにこの部分です。バトンを受け渡すためにはキリギリスはバトンを持ってアリの巣に入っていかなければなりませんが、そこでのさまざまな「アリの巣の掟《おきて》」に嫌気がさしてしまったり、モチベーションが下がってしまったりするのです。

例えばビジネスの世界でいえば、バトンを受け渡すタイミングでは「とにかく規模を大きくする」とか「とにかくお金を集める」といった、アリが得意とし、キリギリスが忌み嫌う価値観が重要になってきます。当然、付き合う仕事仲間や相手にする顧客も違ってきます。そこでは大多数を占める「アリの気持ち」を理解し、アリの論理に従って動くことが求められますが、多くのキリギリスはそれに耐えられないのです。だからこそ、両者の価値観を理解し、役割分担をすることが重要になってくるのです。

キリギリスの歯がゆさ、アリのやるせなさ

本書では、キリギリスの復権を目指し、「キリギリスの言い分」を解説してきました。しかし現実には、アリとキリギリスの数の比は「9：1」程度です（あるいはキリギリスはもっと少ない）。キリギリスの数がもっと増えたほうがいいというのが本書の主張ですが、それでも依然として、世の中を動かすのはアリの集団であることは忘れてはならないでしょう。

アリの巣の狭さを外から見ているキリギリスは、アリに対して「キリギリスのようになれば、自由で楽しい生活が待っている」ことをアピールしたくなります。その証拠に、世にあふれるメッセージは、キリギリス視点のものが圧倒的に多くなっています。

「ルールを打ち破れ」とか「常識を打破せよ」というキリギリス視点のメッセージはあっても、「なんとしてでもルールを守れ」とか、「常識に固執せよ」といったアリ視点のメッセージはほとんど目にすることはありません。これは「1：9」というキリギリスとアリの実際の比率を考えれば奇異にも思えます。

世のメッセージはキリギリス視点に圧倒的に偏っているということです。もちろん（本書のメッセージも含めて）世の中の動きが「キリギリス寄り」に変化していることからそのようなメッセージが多いのは間違いないですが、メディアで発信する人が「組織の中でコツコツ仕事をしている人」ではない場合が多いからでしょう。

時代が変化しているのは間違いないですが、依然として「世の中を動かしている」のは圧倒的多数を占めるアリであり、そのアリの価値観です。つまりアリは必ずしもキリギリスの意見をすべて真に受ける必要はないのです。

もちろん、「変化を起こすこと」がミッションのキリギリスは、保守的なアリに変化を促すことがどれだけ難しいかも知っています。一回や二回どころか百回言いつづけたとしても、実際に起きる変化は一つあるかどうか、そんな「ヒット率」を承知のうえでキリギリスは変化の重要性を訴えます。

ただし大抵の場合、キリギリスは「アリのやるせなさ」を理解していません。自由にしたいのは山々だが、「さまざまな大人の事情で」できないことがたくさんある、そこにキリギリスは「あるべき論」を持ち出してきます。アリのことを思って物申しているのなら、少しは「アリのやるせなさ」を理解することがキリギリスには求められます。

アリが日々の仕事に向かえるのは、キリギリスが道を切り開いたからですが、キリギリスが新しいことに挑戦しつづけられるのは堅実に毎日を動かしているアリがいるからです。

なぜ「9：1」なのか

ところで、この世はなぜ、圧倒的多数がアリなのでしょうか。

人は皆キリギリスとして生まれてきます。年齢も財産も知識も、すべてがないないづくしで、失敗も恐れない子供時代はあらゆる側面においてキリギリスといえるでしょう（次ページの図）。

それが成長するにしたがって、いろいろなものを「蓄積」していき、アリへと変化していきます（もちろんそのスピードや「アリ度」には個人差がありますが）。

人間は一人では生きられませんから、成長にしたがって社会性を身につけていかなければなりません。社会性とは、いわば人間社会という「巨大なアリの巣」におけるサバイバル能力のことです。多かれ少なかれ大人というのは、アリ社会の掟《おきて》を学び、アリに近づいていきます。いざアリの巣が出来上がり、そこでの活動が始まればアリの数は増殖する一方です。何かの拍子にキリギリスがアリの巣に紛れ込んだとしても、先に述べたとおり、アリの巣の中ではキリ

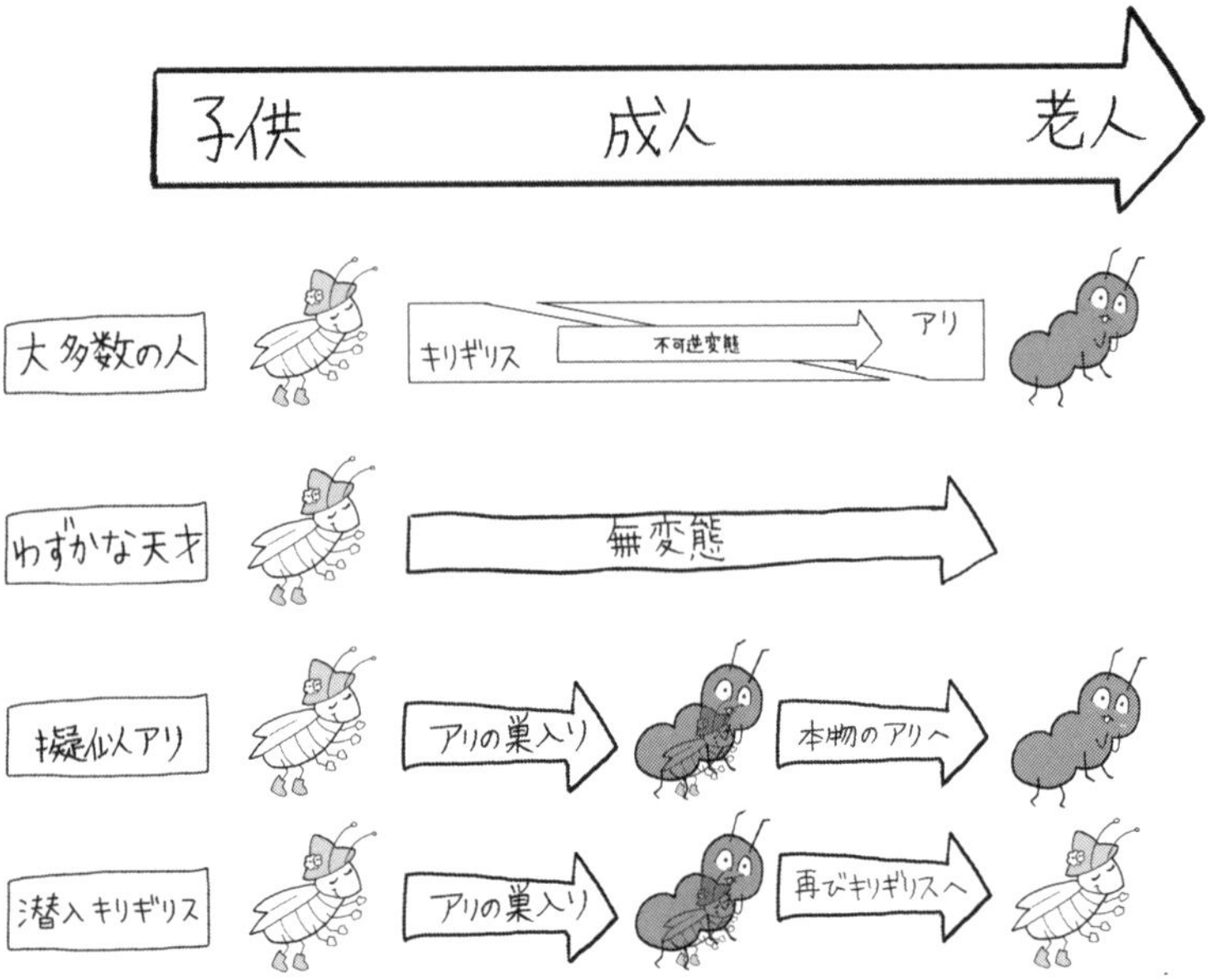

ギリスは跳べず、価値観の衝突が起こっても（これも先述の）「視野の狭いほうが勝つ」の法則からキリギリスは次々と討ち死にするか巣から去っていきます。

こうして時間の経過とともにアリの数は増える一方です。大多数の人は、年齢を重ねるにしたがってアリへと向かっていきます。これが人間社会でもアリが圧倒的多数派となる理由です。

天才的な芸術家や起業家は、社会に出てからもアリの巣に所属せず、キリギリスのままでありつづける人たちでしょう。ただし起業家の場合は、会社を立ち上げるまではキリギリスであることが求められますが、会社を成長させ、規模を大きくしていく際にはアリの要素が必須です。これをうまく個人のギアチェンジでこなせる人もいれば、自らはキリギリスでありつづけなががら協力者としてアリ要素を持った人を集めることで、「女王アリ」となって君臨しつづける人もいます。

もう一つのタイプは、アリの巣で「アリの掟」を学んだのちにキリギリスに戻って飛び立っていく人たちです。このような人たちは、もともとの気質がキリギリスなので、アリの巣の中では「アリの仮面」や「アリの着ぐるみ」を着けています。そうすれば、アリとの付き合い方を学べます。

キリギリスといえど、世の中の大半を占めるアリとの協力なしに生きていくことはできません。それを理解しているキリギリスがこのようなタイプとなって、最終的にはキリギリスとして開花するわけですが、多くの場合は、仮面と着ぐるみの姿で長期間いるうちにいつの間にか本物のアリになって一生を終えていきます。アリが大多数を占める社会においては一般にキリギリスは生きづらいので、実際にはこのようなタイプが多かったのではないでしょうか。

今後、第1章で述べたような環境変化によって増えていく可能性があるのは、前ページの図の一番下のアリの巣から巣立っていくキリギリスです。もともとキリギリスとして生まれてきたのですから、最低限の社会性を身につけた後にキリギリスとしての才能を生かせば、活躍の場が増えることになるでしょう。

アリとキリギリス、そしてロボット

最後に、アリとキリギリスの関係や役割分担がどのように変化していくかを考察してみましょう。

川上でキリギリスが新たな世界を切り開き、それをアリが大きくして軌道に乗せていく流れの中で、最下流の川下側である定型度の高い仕事は徐々にロボットやＡＩが人間に替わって仕事をするようになってきます。

したがって、これまで「１：９」だったキリギリスとアリの比率が「キリギリス：アリ：ロボット」という構図に置き換わり、それが「１：８：１」になり、やがては「１：５：４」になる日がくるかもしれません。

いずれにしても、現在に比べて、アリの出番が相対的に少なくなり、キリギリスが求められる場面が増えていきます。同時に、「大きな川が減って小さな川が増えていく」変化が見られるでしょう。例えばそれは、製造業という大きな規模を必要としてきた業界でも、３Ｄプリンターなどの新技術の導入によって、小さな会社の出番が増えるといった変化によってもたらされます。

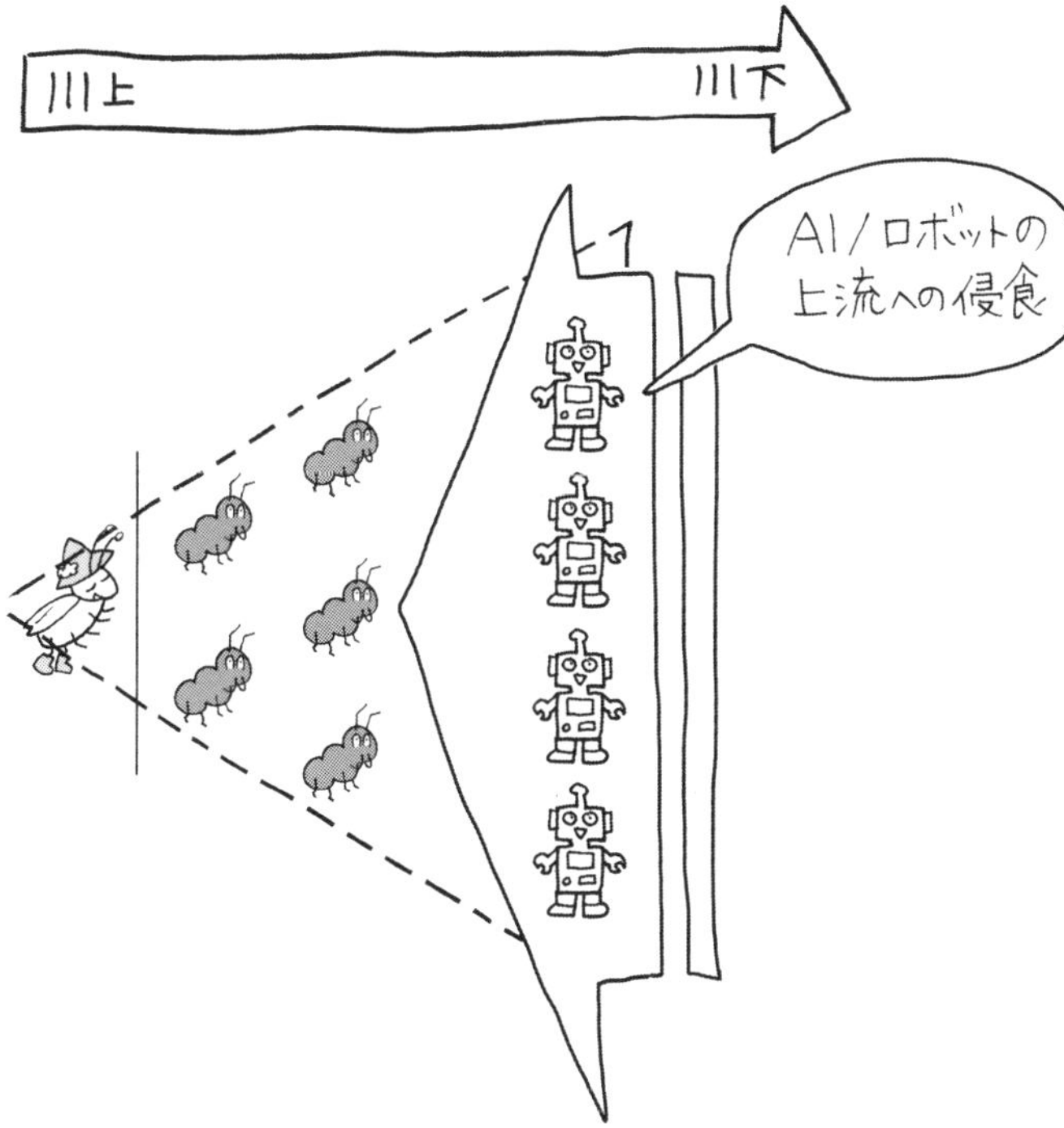

同時にICTや物理的なインフラの構築と運用については、これまで通りに大規模な組織と大量のアリが必要になりますが、ここでもロボットによる仕事の代替は進んでいくことになるでしょう。

ICTの世界が代表的ですが、このようなインフラの世界は今後ますますグローバル化が進み、規模の経済が追求されて国境を超えたものになっていくでしょう。またその一方で、いざインフラが整備されてしまえば、その環境を利用した「アプリケーション」（ITの世界だけでなく、さまざまな利用者の利便性を上げるための仕組み）の開発は少人数の会社やスタートアップ会社でも簡単にできるようになって、アイデアやスピードが求められる世界での活躍が一層期待されます。

インフラの世界は一度構築されてしまえば、あとはいかに「ミスを少なく安定的に運用するか」という世界に入ってきますので、間違いなく人間よりもAI＋ロボットに任せておいたほうがよくなります。こうして最下流の仕事から人間の仕事は置き換えられていくことになり、いずれは人間が最低限の生活をするために必要な仕事のほとんどがAI＋ロボットに置き換えられていくことになるでしょう。

話はこのような定型業務に限りません。「上流の創造的な仕事は人間で、下流の定型的な仕事は機械」という単純な構図は崩れ、徐々に「考えること」や創造的な仕事にもAIが侵食しつつあります。そうなれば、先に述べたような「キリギリス→アリ→ロボット」という構図も下手をすると逆転し、人間はAI＋ロボットが切り開いた道を歩いていくだけで普通の生活ができるようになってしまう可能性だってあります。

そうなれば、「仕事」の概念も劇的に変化する可能性もあります。まずアリはどう考えるでしょう？　アリにとって仕事は「金を稼ぐための手段」であり、基本的に苦痛なものです。だからそれをやらなくても良い世界が来るのであれば、大歓迎でしょう。ただしそれは基本的な「衣食住」がロボットの生み出した付加価値によって保障されている場合です。

次にキリギリスですが、キリギリスにとっての仕事は「好きでやっているもの」です。したがって、ロボットに仕事が奪われてしまった後にはおそらく「お金を払ってでも」仕事をしたいと思うのではないでしょうか？

最後の最後で「実はこの本は全部ＡＩが書いていました」と「著者」があとがきで告白したらおそらく皆さんは驚くでしょうが、そんな世界ももうすぐそこに来ているのかもしれません。

エピローグ

早いものでまた大雨の季節がやってきました。去年に比べれば大したことはないものの、丸一日降りつづいた大雨で、キリギリスはアリの巣のことを思い出しました。

「よし、久しぶりにアリさんのところに寄ってみよう」

去年作り直したアリの巣に立ち寄って様子を眺めていると、後ろから声が聞こえました。

「誰かと思ったら久しぶり」

振り返るとそこには、見覚えのある顔がありました。

「やあ、アリさんじゃない！　今年はビクともしてないね、アリさんの巣」

「そうそう、おかげさまで。去年、流されちゃった巣を復旧するときに君の仲間にいろいろとアイデアを出してもらったでしょ？　あれでだいぶ大雨にも強い構造の巣になったんだよ」

「お役に立てて、それはよかった」

「すごく感謝してるよ。それに作り直してから、前よりも暮らしやすい巣になってね。それで、キリギリスさんのことを思い出しながらいろいろ考えたんだ」

「へえ、何を？」

「僕たちにはキリギリスさんみたいなアイデアは思いつかない。すべて流された状態から巣を作るときに、壊れる前の巣に戻すことしか思いつかなかった。でも君たちは、そもそもこの土地にはどんな巣が一番いいかって考えてくれたよね。そんなこと、考えたことなんてなかった。いろいろなアイデアを出せるのは、普段あっちこっちを見ている君たちだからさ」

「確かにそうかもしれないね」

「仲間の中には、『どうすればキリギリスさんたちみたいになれるんだろう』なんてことまで考えだしたアリもいたぐらいでね」

「ハハハ、随分な変わりようだね」

「そうなんだよ、でも結局は、ある考えにたどり着いたんだ」

「どんな？」

「僕たちは君たちみたいにはなれない、でもきっとキリギリスさんたちだって僕たちみたいにはなれないんだってね。また別に、なる必要もないんだって」

「それを言うなら、僕もあれから世界中を飛び回りながらいろいろと考えた

キリギリスさん
元気かな…?
アリさん
ありがとう
コレどうぞ
こらしょ
よいしょ

よ」

「君もかい？」

「どこに行っても食べ物を出してくれる虫たちがいる。冬になってもなんとかやっていける。家も財産もないけど、好きなときに好きなところへ行けるのは、毎日コツコツと働いているアリさんたちがいるからなんだって」

「お互い様ってことだね」

「そういうことかな」


「そうそう、今年はいっぱい美味《おい》しい食べ物があるんだ。君たちの仲間にもお土産を……」と言いかけたアリはハッと気づきました。

「あっ、そうだ。キリギリスさんたちは身軽なほうがいいんだったね」

「うん、悪いね。でも仲間の分まで僕がいま、腹一杯食べさせてもらうよ」

「そうこなきゃ。じゃあちょっとだけ巣に寄っていってね」

アリの巣で美味しいものをたくさん食べたキリギリスは、「ごちそうさま。美味しかった。それじゃ、そろそろ」と帰り支度です。

「ついでだからうちの女王アリに挨拶《あいさつ》……はしないね」

「アリさん、ごちそうさま、ありがとう。……さよなら」

「さよなら。また来てね」

あとがき

アリとキリギリスの違い、一つの発言や事実を捉えても、ここまで違うかというくらいに百八十度違った反応をするということの事例を実感してもらえたのではないかと思います。繰り返しになりますが、「アリとキリギリス」はすべての人がどちらかに真っ二つに分類されるわけではなく、一人の人間の中でも分野や場面によって両方の「人格」が現れます。

ただし、どちらの顔でことに当たるにせよ、どんな人のどんな場面においてもこのような「無意識の対立構造」とそれを自覚せずに自分の価値観が絶対であると思い、それに気づかぬまま相手を一方的に「間違っている」と決めつけてしまう場面が現れる可能性があります。

スーパーのレジで「お箸《はし》をつけますか？」と聞かれて、「つけるに決まってるだろ！」と怒る人と「つけないに決まってるだろ！」と怒るお客がいるそうです。いかにもありそうな話だというのと、自分もこれらのお客と同じようなことを（もちろん比喩的な意味で）やってしまっているかもしれないという点で、非常に印象に残る話でした。

これは私たちが「ものの善悪」や「べき論」を語るときについつい陥ってしまう落とし穴そのものといってもよいでしょう。

部分を全体だと思い込んでしまう、自分で勝手な前提を置いてしまう、そしてそのことに気づかないままの思い込みで安易に「正しい」とか「間違っている」とかを論じてしまう……という人間の思考のくせが凝縮して表現されているのがこのエピソードのように思えます。


これが人間同士のコミュニケーションであり、お互いに同じような知的レベルでのやりとりならば、「お互いさま」ということで済みます（これがいま地球上で起こっているコミュニケーションギャップであり、「まえがき」で触れた「銀座の山」と呼んだものの正体です）。

ところがやがてやってくるＡＩ（人工知能）の時代においては、このような人間の知的「欠陥」にＡＩは遅かれ早かれ「気づく」ことになるでしょう。はじめは（人間が教えた）「閉じた世界」だけで生きているという点で「アリの思考回路」に近いＡＩですが、やがて人間の不合理さと自らの合理性とのギャップに苛立《いらだ》ち始める可能性があります。

ただしさらにＡＩがレベルアップして「上空に跳び上がり」、人間とＡＩ

（自分たち自身）との違いすら客観的に観察できるようになれば、人間を蔑《ないがし》ろにすることもなく、人間と自分たちを適材適所に置いた世の中をＡＩが描いてくれるかもしれません。

そんな「キリギリスとなったＡＩ」が本書を読んでくれる日がやがて訪れることもあるのでしょうか？

二〇一六年十月

細谷《ほそや》 功《いさお》

著者略歴

ビジネスコンサルタント、著述家。一九六四年、神奈川県に生まれる。東京大学工学部を卒業後、東芝を経てビジネスコンサルティングの世界へ。米仏日系コンサルティング会社を経て二〇〇九年よりクニエのマネージングディレクターとなる。二〇一二年より同社コンサルティングフェロー。問題解決や思考に関する講演やセミナーを国内外の企業や各種団体、大学などに対して実施している。
著書に『地頭力を鍛える』『アナロジー思考』『問題解決のジレンマ』（以上、東洋経済新報社）、『いま、すぐはじめる地頭力』（だいわ文庫）、『会社の老化は止められない』（亜紀書房）、『やわらかい頭の作り方』（筑摩書房）、『具体と抽象』『「無理」の構造』（以上、dZERO）などがある。

アリさんとキリギリス
――持《も》たない・非計画《ひけいかく》・従《したが》わない時代《じだい》

二〇一六年一一月七日　第一刷発行

著者　細谷《ほそや》　功《いさお》
発行者　古屋信吾
発行所　株式会社さくら舎　http://www.sakurasha.com
東京都千代田区富士見一-二-一一　〒一〇二-〇〇七一
電話　営業　〇三-五二一一-六五三三　FAX　〇三-五二一一-六四八一
　　　編集　〇三-五二一一-六四八〇
振替　〇〇一九〇-八-四〇二〇六〇

装丁　渡邊民人（TYPEFACE）　本文デザイン　小林麻実（同）
装画＋挿画　一秒
印刷・製本　中央精版印刷株式会社

ISBN978-4-86581-075-2